Dr. Thomas Hoffmann

Mein Besuch in einer besseren Welt

Eine schicksalhafte Zugfahrt

Roman

Bibliografische Information der Deutschen Bibliothek:
Die Deutsche Bibliothek verzeichnet diese Publikation in der Deutschen National-
bibliografie; detaillierte bibliografische Daten sind im Internet über
<http://dnb.dnb.de> abrufbar.

An einigen Stellen in diesem Buch sind die Zeichen

mit jeweils einer Seitenzahl zu finden.
Sie bedeuten Verweise zur Worterklärung oder auf Quellen und vertiefende
Informationen.

2. Auflage 2020
© 2015 by Julia White
Alle Rechte vorbehalten
Umschlaggestaltung: Florian Steinlein
Lektorat: Florian Steinlein

Julia White Publishing
Internet: www.julia-white.com

ISBN 978-3934402-76-8

Inhalt

Mein Besuch in einer besseren Welt

„Ist hier noch frei?"

„Ja, gerne."

Ein freundlicher Herr von etwa 40 macht mir Platz. Ich hieve meinen Koffer auf das Gepäcknetz und lasse mich in den freien Sitz fallen.

Gott sei Dank! Nach diesem Tag auch noch die ganze Zugfahrt über stehen zu müssen, das wäre zu viel gewesen! Diese Steuerprüferin heute hat mir wirklich den Rest gegeben. Alles wollte sie sehen, alles wollte sie wissen. Einer wildfremden Person musste ich geradezu mein ganzes Leben offen legen, und dabei spürte ich die Missgunst, das Lauern, wo sie mich ertappen könnte, wann ich in der Falle säße, wo sie zuschlagen und abkassieren könnte. Fürchterlich, so ausgeliefert zu sein! Diese Machtlosigkeit und gleichzeitig Demütigung!

Aber jetzt fahre ich ins Wochenende und werde wohl hoffentlich bald auf andere Gedanken kommen.

Ich sitze an einem Vierertisch, alle Plätze um mich herum sind belegt, einige Fahrgäste sind sogar noch auf der Suche nach einem Sitzplatz. Mir gegenüber sitzen ein Mann und eine Frau mittleren Alters, die offenbar zusammen reisen. Er liest eine Zeitung, sie eine Zeitschrift, und immer wieder werfen sie sich kurze Bemerkungen zu.

Die Schlagzeile auf der Titelseite kann ich lesen, sie geht natürlich über die Euro-Krise, bzw. über die großartigen Lösungsinitiativen dieser Krise. Seit Wochen wird in den Medien über fast nichts mehr anderes geredet und geschrieben: Alles überwunden, alles gelöst, Rettungsprogramme, Rettungsfonds, bla, bla, bla. Ich kann es schon nicht mehr hören. Glauben kann das alles sowieso kaum noch jemand, denn das Bild auf der Straße, wenn man mit den Leuten redet, spricht eine ganz andere Sprache: Die Leute haben Probleme, ihnen geht es schlecht, viele haben Angst. Nicht zuletzt auch die Steuerprüferin heute hat sich durch einige Bemerkungen verraten, dass sie höchste Order hat, so viel wie irgend möglich für den Staat zusammen zu kratzen. Wir alle sollen gemolken werden bis auf den letzten Tropfen, um den Kollaps unseres Finanzsystems noch so weit wie möglich hinausschieben zu können.

Ich schaue zum Fenster hinaus. Wir fahren gerade durch einen kleinen verlassenen Bahnhof. Es schmerzt mich immer, die heruntergekommenen Bahnhofsgebäude zu sehen, die verlassenen Nebengleise. Wir haben eines der flächendeckendsten Bahnnetze der Welt, ein Netz, nach dem sich andere Länder die Finger lecken würden, und bauen es ab, anstatt es zu nutzen! Seitdem alles nur noch unter dem Gesichtspunkt der Gewinnmaximierung gesehen wird, sind so viele kleine Orte nicht mehr mit der Bahn erreichbar, vor allem im lokalen Bereich gibt es immer weniger Züge, die Fahrkarten werden immer teurer, und die Züge haben zu wenig Sitzplätze – wie heute Abend, obwohl abzusehen ist, dass am Freitag Abend viele Menschen weiter weg fahren. Gleichzeitig bersten unsere Straßen immer mehr unter der LKW-Last, die Lärm- und Abgasbelästigung durch den Straßenverkehr steigt, immer mehr neue Straßen müssen gebaut werden. Hier ist ganz offensichtlich keine übergeordnete Planung vorhanden, die das Wohl der Allgemeinheit im Auge hat.

MG: Schau Dir das mal an!

sagt da der Mann gegenüber von mir unvermittelt zu der Frau und reißt mich durch diese Worte aus einem leichten Schlummer, in den ich wohl verfallen bin.

MG: Jetzt kommt dann wohl die nächste Impfkampagne.

Er zeigt auf einen Artikel, den ich leider nicht sehen kann.
Die Frau wirft einen kurzen Blick darauf und erwidert mit einem zynischen Unterton:

FG: Ach nee! Und hier berichten sie ...

Sie schlägt die Zeitschrift zu, um einen Blick auf die Titelseite zu werfen.

☞ S. 196 *FG:* ... vor 14 Tagen, dass die WHO in diesem Jahr die Masern ausrotten will. Wenn das kein Zufall ist!

Mein Nachbar mischt sich ein:

N: Reden Sie über die Masernausbrüche in Berlin?

MG: Ja, da wird jetzt so ein Tamtam drum gemacht, dass man nicht mehr weiß, was man noch glauben soll! Jedes Jahr kommt mindestens eine Hiobsbotschaft von einer Epidemie, damit die Leute sich ja brav impfen lassen.

FG: Und am Ende verläuft alles im Sande.
Was ist aus der Schweinegrippe geworden? Oder aus der Vogelgrippe? Oder aus Ebola? Am Ende mussten viele der teuer gekauften Impfpräparate sogar vernichtet werden, weil die Bevölkerung nicht mitmachen wollte.

Sie ist sichtlich erregt.

FG: Die stellen das immer so dar, als wären Impfungen eine unproblematische, risikofreie Lösung, oder sogar die einzig mögliche Hilfe. Dabei geht es doch letzten Endes nur ums Geld.

MG: Ja, den größten Vorteil haben ohne Zweifel die Impfstoffhersteller. Die stehen ja auch in engem Kontakt zur Politik.

FG: Wissen Sie, ich bin Heilpraktikerin. Ich weiß, wovon ich spreche. Impfungen sind alles andere als unproblematisch. Ich habe mit vielen Menschen zu tun, die unter langwierigen und sogar irreparablen Impfschäden zu leiden haben. Das ist ja auch kein Wunder, bei den Problemstoffen, die in den Impfpräparaten enthalten sind! Dabei ist sich ein Großteil der Geschädigten nicht einmal bewusst, dass ihre Probleme mit dem Impfen zu tun haben.

i
S. 153

N: Aber es gibt doch auch immer mehr Menschen, die sich dessen bewusst geworden sind und dem Impfen kritisch gegenüber stehen.

FG: Wenn in den Medien über die Problematik berichtet würde, gäbe es noch viel mehr. Aber der normale Mensch erfährt doch kaum etwas davon. Selbst die Ärzte scheinen sich der Probleme nicht bewusst zu sein – oder tun zumindest so. Das wird alles zielgerichtet so inszeniert, um die Pfründe der Pharmaindustrie zu sichern. Deshalb wird auch der Naturheilkunde regelrecht das Wasser abgegraben. Als Therapeutin muss ich ständig auf der Hut sein, nicht irgendeine Vorschrift oder eine neue EU-Richtlinie zu verletzen. Man kommt an manche Präparate schon kaum mehr ran – selbst bei altbewährten Hausmitteln! Alles, was nicht von einer wissenschaftlichen Studie belegt wird, darf nicht mehr angepriesen und immer weniger angewendet werden, auch dann nicht, wenn es sich schon seit Jahrhunderten bewährt hat.

I: Aber Entschuldigung,

werfe ich da ein.

I: Es ist doch nur vernünftig, dass zuerst objektiv wissenschaftlich untersucht und geprüft werden muss, was als Heilmittel verwendet werden darf.

FG: Wenn die Wissenschaft und die Wissenschaftler objektiv wären! Ich würde mir wirklich wünschen, wir hätten eine große unabhängige Forschungsinstitution, die all diese strittigen Fragen untersucht und ein für allemal klärt. Stattdessen wird aber ein großer Teil der wissenschaftlichen Studien im medizinischen Bereich von der Pharma-Industrie in Auftrag gegeben oder zumindest finanziert. Und die machen das ja nicht, um Ergebnisse zu erhalten, die ihren eigenen Produkten schaden!

I: Sie meinen also, dass dabei betrogen wird?

FG: Direkt betrogen vielleicht nicht, obwohl auch schon einige Fälle von offensichtlichem Betrug aufgedeckt worden sind. Aber es handelt sich hier ja meist nicht um Vorgänge, die wie in der Physik klar und objektiv mit „schwarz" oder „weiß" bewertet werden können. Fast immer gibt es einen subjektiven Interpretationsspielraum: Wird dieser Grenzfall schon als krank oder noch als gesund gewertet – oder vielleicht als ungültig, weil er nicht ins Bild passt? Wo setze ich den Grenzwert an, ab dem gemessen wird? Welche Symptome berücksichtige ich und in welcher Gewichtung? Wie großzügig bin ich bei der Auswahl der Versuchspersonen? Wie viele Versuchspersonen nehme ich? Allein schon mit solchen dehnbaren Ausgestaltungen lassen sich die Ergebnisse enorm beeinflussen.
Und in der Darstellung der Studie gibt es noch weitere Spielräume: Welche Risiken erwähne ich und welche lasse ich unter den Tisch fallen? Wie ausführlich gestalte ich das Literaturverzeichnis? Nehme ich auch kritische oder negative Literatur darin auf?

N: Sie müssen sich dabei auch einmal persönlich in den betreffenden Wissenschaftler hinein versetzen. Er ist entweder direkt bei dem pharmazeutischen Betrieb angestellt oder arbeitet an einer Universität und weiß, dass sein Gehalt für die Dauer der Studie von der Firma bezahlt wird. Meinen Sie, der ist sich nicht im Klaren darüber, dass seine Stelle oder sein Gehalt nicht mehr sicher sein wird, wenn er lauter Resultate liefert, die nachteilig für diese Firma sind?

I: Ja natürlich. Aber wieso soll das die Forschungsergebnisse beeinflussen?

N: Nicht nur die Ergebnisse, sondern die ganze Forschung. Denn zunächst kommt es ja im Vorfeld darauf an, welche Fragen überhaupt untersucht werden. Ein solcher – sagen wir mal: mit Eigeninteressen behafteter – Wissenschaftler wird keine großangelegte Studie über die Nebenwirkungen und Risiken der Produkte seines Auftraggebers machen oder einen Vergleich mit einem besseren Konkurrenzprodukt oder über die positive Wirkung von bestimmten Pflanzen oder Lebens- und Ernährungsgewohnheiten, mit denen niemand Umsatz generieren kann. Schließlich kann er nach Beendigung der Studie auch noch ganz subjektiv darüber entscheiden, ob er sie veröffentlicht oder nicht. Und es geschieht sehr oft, dass Studien mit ungewünschten Ergebnissen einfach nicht veröffentlicht werden. Ob das als Betrug zu betrachten ist, möge jeder selbst beurteilen.
Was die Ergebnisse anbelangt, so dürfen wir auch nicht vergessen, dass wir es hier vorwiegend mit statistischen Auswertungen von Krankheitsverläufen zu tun haben. Das sind einfach keine objektiven Tatsachen, da spielt der subjektive Aspekt der Patienten, aber auch der Behandler eine ganz wichtige Rolle.

I: Und der entscheidet auch über Gesundheit und Krankheit?

N: Nach ganz alten – und auch ganz modernen – Erkenntnissen liegt vielleicht der wichtigste Faktor für Krankheit und Gesundheit im geistigen Bereich. Deshalb hat man Blind- und Doppelblindstudien eingeführt und zum Standard erhoben, damit weder der Patient noch der Behandler weiß, ob mit dem wirklichen Wirkstoff oder ☞ mit einem Placebo behandelt wird. In Dreifachblindstudien weiß es S. 196 nicht einmal der Versuchsauswerter, der die Statistik aus der Studie anfertigt. Die kritischen Wissenschaftler wissen schon um die möglichen Schwachstellen. Für medizinische Fachpublikationen wurde deshalb auch als Standard eingeführt, dass am Ende eine Interessenkonflikts-Erklärung angegeben werden muss.

I: Na dann ist doch eigentlich alles in Ordnung! Wozu also die Aufregung?

N: Naja. Solch ein Standard wird ja deswegen neu eingeführt, weil es einen bestehenden – also gut eingefahrenen – Missstand gibt. Dass der deshalb gleich aufhört und sich nicht einfach neue Alternativwege sucht, widerspricht jeglicher Erfahrung und darf stark bezweifelt werden. Die Interessenkonflikts-Erklärung beispielsweise wird mit 4 Klicks in einem Online-Formular erzeugt. Ob – und wie – das kontrolliert wird, ist zweifelhaft.
Darüber hinaus vergessen aber leider die meisten – auch kritischen – Wissenschaftler immer noch eines, dass sie nämlich ihre Erkenntnisse auch auf sich selbst anwenden müssen.

I: Wie meinen Sie das?

N: Die moderne Physik hat bereits vor bald Hundert Jahren in der Quantenmechanik festgestellt, dass es prinzipiell gar keine Trennung von Versuchsobjekt und Experimentator – also von Objekt und Subjekt – geben kann, aber noch heute werden überall mehr denn je „objektive" Ergebnisse als einzig gültiges Kriterium betrachtet.

FG: Und das gerade in der Medizin, wo wir es mit dem Menschen, einem höchst komplexen, vielschichtigen, multidimensionalen Wesen zu tun haben. Deshalb wird aus diesem wahnhaften Objektivitätsstreben heraus bis heute die Homöopathie in der wissenschaftlichen Forschung so gut wie gar nicht beachtet.
Und damit sind wir wieder beim gegenwärtigen Status Quo – neue Standards hin oder her – nach dem bei homöopathischen Präparaten keine Zutaten oder Anwendungsbereiche mehr in der Packungsbeilage stehen dürfen – mit der Begründung, sie seien nicht wissenschaftlich! Selbst die Therapeuten bekommen die vom Hersteller nicht mehr. So wird es immer schwerer, kompetent homöopathisch zu behandeln. Eigentlich ist es offensichtlich, dass es denen in der Regierung überhaupt nicht um die Gesundheit der Menschen geht!

N: Wahrscheinlich können die in der Regierung auch nicht so, wie sie gerne möchten. Die haben auch ihre Vorgaben von noch weiter oben.

FG: Was meinen Sie damit?

N: Nun, z.B. kommen heute viele Richtlinien aus Brüssel von der EU-Kommission. Das sagten Sie ja selbst gerade. Diese Richtlinien müssen die nationalen Regierungen nur noch erfüllen. Und die EU-Kommission ist ja keine demokratische Institution. Die hat niemand von uns gewählt.

I: Naja, ...

hake ich da ein,

I: ... vielleicht nicht direkt. Aber es sind ja die einzelnen Regierungen, die die Kommission besetzen. Das ist doch ein demokratischer Prozess.

Mein Nachbar schmunzelt und beginnt mit gewichtiger Stimme:

N: Ist es nicht geradezu phantastisch, was Sie mit einer einzigen Stimme alles wählen: die Bundestagsabgeordneten, den Bundeskanzler und die Bundesregierung und sogar die EU-Kommission! Alles mit einer Stimme!
Dabei ist das, was Sie eigentlich wählen, nur eine Partei, die dann in einem mehr oder weniger partei-internen Prozess alles andere personell regelt. Das kann man doch nicht als demokratisch bezeichnen. In einer Demokratie sollte eigentlich das Volk regieren und nicht sein gesamtes Mitspracherecht in Form einer Pauschalstimme abgeben.

I: So gesehen haben Sie durchaus Recht, aber wie wollen Sie das sonst lösen? Man muss doch Vertreter haben, die über die eigentlichen Fragen abstimmen.

N: Müssen tut man das wohl nicht, aber aus Praktikabilitätsgründen ist es schon sinnvoll. Nur macht es doch einen großen Unterschied, ob man die Vertreter kennt, bzw. Zugriff auf sie hat oder nicht. Im Gemeinderat zum Beispiel kennen Sie sicherlich einige Vertreter. Und wenn Sie ein Anliegen haben, dann sind die Ansprechpartner direkt vor Ort. Stellen Sie sich nun vor, der Gemeinderat entsendet einen Vertreter in einen höherrangigen Rat. Dann ist hier immer noch ein ziemlich direkter Bezug möglich. Denn dieser Vertreter ist nicht weit weg und steht in direkter Verbindung zum Gemeinderat. Stellen Sie sich weiter vor, dieser Vertreter ist dem Gemeinderat gegenüber weisungsgebunden. Dann kann auch auf der nächsthöheren Ratsebene nur so abgestimmt werden, wie der Gemeinderat und letztendlich die Gemeinde es beschlossen hat.

I: Interessant, was Sie da sagen. In diesem Modell wird also quasi jede Abstimmung indirekt bis auf die Gemeindeebene heruntergeholt.

N: Ja.

Mein Nebenmann nickt.

N: Der Gemeinderat beschließt, wie sein Vertreter abzustimmen hat. Und damit kann der Gemeinderat die Meinung der Gemeinde zu jedem einzelnen Abstimmungspunkt einbringen. Und im Gemeinderat wiederum kann jeder Bürger seine Meinung zu Gehör bringen. Somit haben Sie hier eine Demokratieform, in der zwar auch über Vertreter abgestimmt wird, wo jedoch letztlich jede Gemeinde über ihren Gemeinderat gefragt wird.

MG: Was für ein Unterschied zu unserem heutigen System! Heute muss doch jeder Abgeordnete im wesentlichen so entscheiden, wie seine Partei es vorgibt – egal, was seine Wähler möchten.

N: Wenn er überhaupt direkt in einem Wahlkreis gewählt worden ist! Die Hälfte werden ja einfach von ihrer Partei entsandt. Und die stärkste Partei bestimmt den Bundeskanzler und die Minister und dann auch noch den Kommissar in der EU-Kommission.

FG: Damit wären wir wieder bei den Bestimmern der heutigen Politik,

meldet sich die Heilpraktikerin erneut zu Wort.

N: Nicht ganz. Die bestimmen zwar über unsere Regierungen, sind aber dennoch nicht die eigentlichen Bestimmer. Auch die haben Vorgaben von oben.

FG: Von wem denn?

Der Mann neben mir zögert einen Moment. Dann gibt er zur Antwort:

N: Die wirklichen Bestimmer kennt man kaum. Aber sie haben das wirksamste Überzeugungs- und Einflussinstrument: Geld.

FG: Ach, Sie meinen die Banken!

kommt es etwas enttäuscht zurück.

N: Nein, die Eigentümer der Banken, die Hochfinanz-Clans. Die regieren die Banken, das Geld und damit die Politik.

MG: Ach Gott! Das ist doch nur so eine abgedroschene Verschwörungstheorie,

winkt der Mann mir gegenüber ab.

N: Meinen Sie? Aber darüber will ich eigentlich gar nicht diskutieren. Tatsache ist doch, dass alle Staaten heute durch ihre Schulden von privaten Geldgebern abhängig sind – den so schön umschriebenen „Märkten". Was wird nicht alles getan, um gegenüber diesen Geldgebern nicht in Ungnade zu fallen, z.B. durch Rating-Agenturen abgewertet zu werden! Meinen Sie nicht, dass allein schon die finanzielle Abhängigkeit eines Staates von privaten Banken ein bedenklicher Eingriff in seine Souveränität ist?

MG: Ja, sicherlich, das will ich nicht in Abrede stellen. Ich wehre mich nur gegen die Vorstellung, dass da irgendwelche geldgierigen Banker unsere Politiker mit vorgehaltener Pistole zu irgendetwas zwingen.

N: So etwas haben die gar nicht nötig. Allein schon die etablierten Spielregeln dieses Finanzsystems spielen ihnen wie von alleine in die Karten.

MG: Was meinen Sie damit?

N: Nun, Sie kennen doch vielleicht diese kleinen Rechenexempel: Wenn jemand im Jahr 1800 einen Dollar gegen 6% Zinsen verliehen hätte, wie viel würde er dann heute bekommen?

MG: Ja, die kenne ich. Wie viel wäre es denn?

N: Über 275.000 Dollar!

I: Uuuh, sehr lukrativ!

sage ich lachend.

I: Das hätte mein Ururopa mal machen sollen!

N: Ja,

erwidert mein Sitznachbar mit nachdenklicher Stimme.

N: Das ist die Sicht der meisten Menschen: Geld zu verleihen oder anzulegen als sehr lohnende Sache; nichts tun zu müssen und einfach das Geld für sich arbeiten zu lassen ...
Aber haben Sie einmal darüber nachgedacht, was es bedeutet, dass wegen dieses simplen Vorgangs, einen Dollar zu verleihen, eine solche Riesensumme generiert werden muss, um die Schulden mit Zins und Zinseszins zu tilgen? Wenn Sie diese 275.000 Dollar zurückzahlen, dann haben Sie dafür nichts gehabt – außer eben den einen Dollar über 200 Jahre lang nutzen zu dürfen.
Normalerweise erkaufen Sie sich etwas Handfestes, wenn Sie Geld ausgeben: entweder Material oder eine Leistung. Hier bekommen Sie aber gar nichts Greifbares, auch keine Ersparnis, die dieser Summe in irgendeiner Weise angemessen wäre. Es wurde für niemanden etwas Werthaltiges geschaffen.

MG: Aber eine Leistung habe ich doch gehabt. Immerhin hatte ich den Dollar 200 Jahre lang zur Verfügung und konnte damit wirtschaften. Außerdem war die Kaufkraft des Dollars damals erheblich höher als heute.

N: Ja, die Kaufkraft ist ein anderes Thema. Wenn der Dollar seitdem 90% an Kaufkraft verloren hat, dann müssten Sie heute eben 10 Dollar statt nur einen zurückzahlen.
Aber überlegen Sie doch einmal, wie viel Sie für 275.000 Dollar hätten ackern und schuften müssen, und setzen Sie das in Relation zu dem, was Sie mit dem einen Dollar hätten erwirtschaften können. Da gibt es keine vernünftige Relation. Der Schuldner muss enorme Leistungen erbringen, damit der Darlehensgeber sein vertraglich festgelegtes Einkommen erhält – leistungslos.

FG: Also sollte man Ihrer Meinung nach keine Schulden machen?!

N: Die Schulden sind doch nicht das Problem. Oder hätten Sie heute ein Problem damit, den einen geliehenen Dollar – oder meinetwegen zehn wegen des Kaufkraftverlustes oder fünfzig mit einer gewissen Bearbeitungsgebühr – wieder zurück zu zahlen?

Alle schweigen.

N: Zins und Zinseszins ist eine Spielregel, die allgemein akzeptiert ist und dafür sorgt, dass die Mehrheit der Menschen einen Großteil ihrer Arbeitsleistung nicht für sich selbst, sondern für eine Minderheit von reichen Darlehensgebern erbringt, die dadurch ihrerseits ohne eigene Leistung immer reicher werden. Man könnte das als eine moderne Form des Feudalismus bezeichnen.

I: Dann würden Sie die Zinsen also abschaffen wollen?

N: Ja.

FG: Aber dann verleiht doch niemand mehr Geld!

N: Das ist nicht gesagt! Gegen eine gewisse Bearbeitungsgebühr ist ja zum Beispiel nichts einzuwenden. Außerdem kann man sein Geld auch auf andere Weise arbeiten lassen. Wenn Sie sich beispielsweise vertraglich an einer Firma beteiligen und dafür am wirtschaftlichen Erfolg beteiligt werden, dann ist das eine reelle Sache.

FG: Aber das bedeutet doch genauso Gewinn ohne eigene Leistung.

N: Nicht so wie beim Zinssystem. Denn hier be-teiligen Sie sich im wahrsten Sinne des Wortes an dem, womit mit Ihrem Geld gearbeitet wird. Wenn es Verlust erleidet, dann haben Sie Verluste, wenn es Gewinn einbringt, dann haben Sie Gewinn. Dann bekommen Sie einen vertraglich festgelegten Anteil an dem insgesamt erwirtschafteten Gewinn, der aber nicht extra für Ihre Zinsbefriedigung erwirtschaftet werden musste.
Beim Zinssystem muss dagegen nur des Zinses wegen ein Wert generiert werden, auch wenn das Geld nur rumliegt und nichts erwirtschaftet. Verstehen Sie, was ich meine?

I: Ich glaube schon. Sie wollen sagen, dass bei einer Beteiligung, die zum Erfolg führt, alle, die dazu beigetragen haben, am Erfolg beteiligt werden, während beim Zinssystem der Darlehensgeber immer seinen Gewinn bekommt, egal was mit dem Geld passiert ist, selbst wenn es verloren gegangen ist. Somit ist der Geldgeber bei einer Beteiligung auch am Risiko mit beteiligt, bzw. kann seinen Erfolg erhöhen, wenn er auch anderweitig zum Erfolg der Firma beiträgt.

N: Genau. Das meine ich mit „reell".

MG: Ok, das kann ich schon nachvollziehen. Trotzdem meine ich, dass Sie übertreiben. Natürlich ist das Beispiel, das Sie uns vorgeführt haben, sehr beeindruckend. Aber es zeigt einen Extremfall, der so im Alltag überhaupt keine Bedeutung hat. Niemand nimmt ein Darlehen über 200 Jahre auf. Und überhaupt operieren die meisten Menschen nur zu einem kleinen Teil mit geliehenem Geld.

N: Da muss ich Ihnen jetzt aber widersprechen. Denn im Grunde operieren wir alle mit geliehenem Geld. Alles Geld wurde irgendwann von der Zentralbank ausgegeben – gegen Zinsen. Und somit unterliegen wir alle – jeder einzelne und unsere gesamte Wirtschaft – der Zinsschraube. Das ist der eigentliche Grund dafür, dass überall die Gewinnmaximierung die höchste Priorität bekommen hat – auch über Leichen hinweg! Und das ist auch der Grund für die immer höher werdende Steuerlast. Von den Steuern, die wir bezahlen, gehen mittlerweile über 80% direkt oder indirekt an die Banken. Davon hat unser Gemeinwohl gar nichts, aber dafür müssen wir alle schuften, dafür werden wir immer abhängiger von großen Kapitalgebern, und deshalb tun unsere Politiker Dinge, die mit dem Willen des Volkes immer weniger zu tun haben.

i
S. 161

I: Sie sind also der Meinung, dass die Rücksichtslosigkeit im Wirtschaftsleben nicht so groß wäre, wenn es das Zinssystem nicht gäbe?

N: Zweifelsohne gibt es immer einige habgierige und rücksichtslose Individuen, aber momentan wird jeder Selbständige geradezu dazu gezwungen, mit allen erdenklichen Mitteln seinen Profit zu maximieren – um selbst nicht unterzugehen.
Es wird gespart an der Qualität; es wird gespart an Materialien und Fertigungsmethoden, die Dauerhaftigkeit und Langlebigkeit gewährleisten; es wird gespart auf Kosten der Natur, der Umwelt

und der Gesundheit; menschliches Elend in armen Ländern wird bewusst genutzt und gesteigert, um in den reichen Ländern den Preiskampf zu forcieren; durch Werbung wird die öffentliche Meinung manipuliert, durch Lobbyarbeit die Politik, so dass ethisch, moralisch, pädagogisch und gesundheitlich minderwertige und schädliche Produkte in großem Maßstab angeboten und verkauft werden können; die Medien und selbst die Wissenschaft werden dazu missbraucht, die Wahrheit vorzuenthalten und zu verdrehen und unnötige oder sogar schädliche Bedürfnisse und Begehrlichkeiten künstlich zu wecken.

Wenn für alle bei geringerem Aufwand mehr unter dem Strich übrig bliebe – wenn z.B. der ganze Laden hier …

Er macht eine ausladende Bewegung mit seinen Armen.

N: … mit nur 20% unserer Steuerzahlungen am Laufen gehalten würde, was würde das wohl bedeuten?

Er macht eine kurze Pause und blickt fragend in die Runde.

N: Meinen Sie nicht, dass es dann allen besser ginge? Alle wären dann entspannter und könnten mehr Zeit für sich selbst und ihre Mitmenschen erübrigen. Ich denke, dass die Jagd nach Geld nur für wenige eine dauerhaft befriedigende Lebensaufgabe darstellt.

I: Da haben Sie allerdings Recht.

Nachdenkliches Schweigen.

MG: Alles schön und gut,

wirft der Mann von gegenüber ein.

MG: Aber trotzdem brauchen wir Wachstum. Ohne Wachstum funktioniert unsere Wirtschaft nicht.

N: Wegen des Zinssystems. Ohne Zinsen besteht doch gar kein Druck zum Wachstum mehr. Wenn einmal ein Niveau erreicht ist, bei dem alle zufrieden sind, warum muss das unbedingt weiter wachsen? Es sind die Spielregeln dieses Finanzsystems, die uns nicht nur eine ungesunde Art des Wirtschaftens aufzwängen, sondern richtig gehend eine Lebensweise, bei der der materielle Aspekt auf unnatürliche Art in den Mittelpunkt gedrängt wird.

I: Und warum ändert das niemand?

N: Ich glaube, den wenigsten sind diese Zusammenhänge wirklich bewusst. Und die, die ganz oben an den Fäden ziehen, sind ja diejenigen, die von dem System profitieren. Die tun natürlich alles, damit sich nichts ändert – wieder fast wie im Feudalismus.

FG: Aber was ist denn das Ziel dieser Leute? Die müssen doch schon unermesslich reich sein!

N: Sicherlich! Trotzdem wollen sie ihren Reichtum – und vor allem ihre Macht – noch weiter mehren und natürlich ihr System stabil halten. Deshalb sorgen sie dafür, dieses System als alternativlos erscheinen zu lassen, und bekämpfen alles und jeden, der für die Freiheit und Selbständigkeit der Menschen eintritt.
Das betrifft alles, worüber wir gerade gesprochen haben: Die Naturheilkunde macht die Menschen unabhängiger und auch bewusster. Also wird sie bekämpft. Die Homöopathie gefährdet die vorherrschende Stellung der Pharmaindustrie. Also wird sie bekämpft. Mit Impfungen dagegen lässt sich nicht nur eine Menge Geld verdienen, sie machen die Menschen auch abhängig, krank und in ihrer Angst vor Ansteckung lenkbar. Also werden sie propagiert.

MG: Jetzt sind wir schon wieder in der Verschwörungskiste. Diese bösen Buben behindern alles Gute und fördern alles Böse. Das ist doch wirklich zu platt! Und vor allem gibt es ja nach Ihrer Darstellung überhaupt keine Möglichkeit der Veränderung – außer durch Gewalt, aber dann durch richtige Gewalt – Revolution –, denn wir haben es hier ja mit Leuten zu tun, die quasi über unbegrenzte Mittel verfügen.

N: Selbst wenn wir diesen Verschwörungsaspekt – wie Sie ihn nennen – mal außer Acht lassen, so ist doch eine Veränderung innerhalb unseres Systems heute fast nicht mehr denkbar. Da gebe ich Ihnen durchaus Recht. Dazu sind die Strukturen bereits zu eingefahren und ineinander verzahnt. Dem Wachstums- und Profitdruck, von dem wir gerade gesprochen haben, werden alle anderen Bereiche untergeordnet. Das Gesundheitswesen wird vorwiegend unter wirtschaftlichen Gesichtspunkten betrachtet, ebenso das Bildungssystem, selbst dem Umweltschutz ist die Wirtschaft übergeordnet.

FG: Dabei ist das gegenwärtige Gesundheitssystem doch vollkommen unwirtschaftlich. Es werden Unsummen ausgegeben für Verfahren, die letztlich gar nicht helfen oder zumindest sehr uneffektiv sind. Aus der Naturheilkunde oder Alternativmedizin gäbe es sehr viel günstigere und wirksamere Methoden.

N: Da haben Sie natürlich Recht. Aber so wird das gar nicht betrachtet. Es wird vielmehr in den Vordergrund gestellt, dass ein großer Wirtschaftszweig – Pharma, Krankenhäuser, Pflegeheime etc. – floriert und wirtschaftlich gut dasteht. Das Paradoxe ist doch, dass jeder Kranke durch die Behandlungen, Operationen, Medikamente etc. zur Steigerung des Bruttosozialprodukts beiträgt – und das umso mehr, je kränker er ist und je teurer und länger seine Behandlung.

FG: Das ist ja eine schreckliche Sichtweise!

N: Aber das ist die Realität. Wenn ab morgen niemand mehr krank wäre, ginge ein riesiger Wirtschaftszweig kaputt, die Börse würde absacken und unser Bruttosozialprodukt sinken. Das wäre aus wirtschaftlicher Sicht eine Katastrophe!
Und so besteht eigentlich gar kein wirkliches Interesse an einer gesunden Bevölkerung. Dazu kommt die Angst vor Krankheit, die jeden dazu bringt, immer höhere Beiträge in die Krankenkasse zu bezahlen, Zusatzversicherungen abzuschließen usw. usf.

FG: Ich sage ja immer: Es müsste eigentlich in den Schulen gelehrt werden, wie man richtig mit seinem Körper umgeht, um Krankheiten zu vermeiden. Im Grunde genommen gehört das zur Allgemeinbildung.

N: Aber auch daran hat niemand Interesse. Denn die Schüler sollen zu gut qualifizierten Arbeitskräften und zu unproblematischen Staatsbürgern herangezogen werden. Sie sehen ja, mit welcher Stofffülle die Schüler heute schon überlastet werden. Da kann man ihnen doch nicht noch ein weiteres Fach aufdrücken!

MG: Wenn man genau hinschaut, machen die Schulen ja genau das Gegenteil davon, den Schülern zu einem eigenverantwortlichen gesundheitsorientierten Leben zu verhelfen. Der wahnsinnige Druck und Stress, der heute üblich geworden ist, macht die Kinder doch krank – psychisch und physisch.

FG: Und wenn sie aufbegehren, werden sie mit Drogen ruhig gestellt. Wussten Sie, dass allein in den USA über 6 Millionen Kinder regelmäßig Ritalin nehmen?

☞
S. 196

N: Und damit sind wir wieder bei wirtschaftlichen Interessen.
Aber auch politisch ist die gesamte Situation sehr verfahren. Um eine Änderung in diesem Bildungssystem zu erreichen, müssten in allen Bundesländern einheitliche Beschlüsse gefasst werden. Denn das Bildungssystem ist ja Ländersache. Man braucht also nicht <u>eine</u> Mehrheit im Bundestag, sondern 16 Mehrheiten in 16 Landtagen.

MG: Das ist hoffnungslos!

N: Ja, deswegen habe ich die Hoffnung aufgegeben, dass das System aus sich heraus geändert werden kann. Selbst wenn wir einen klar denkenden selbstlosen Politiker hätten, der nicht nur bis zum Tellerrand der nächsten Wahl blickt, dann würde der zunächst trotzdem nicht viel ändern können. Er müsste erst einmal an eine einflussreiche Position gewählt werden, müsste sich dort behaupten und dann noch die notwendigen Mehrheiten finden, um tiefgreifende Veränderungen in Abstimmungen durchzusetzen. Bei all dem müsste er gegen Parteiinteressen, innerparteiliche Konkurrenten, andere Parteien bestehen, gegen Lobbygruppierungen und mächtige Kreise, die über die Medien die öffentliche Meinung lenken, und schließlich – und da muss ich leider auf den Verschwörungsaspekt zurückkommen – müsste er wirksam sein Leben schützen können. So manche sehr klar denkende Politiker und hoffnungsvolle Einflussträger sind in den letzten Jahren plötzlich bei Autounfällen ums Leben gekommen oder ertrunken in der Badewanne oder im eigenen Pool aufgefunden worden! Glauben Sie wirklich, dass das nur zufällige Schicksalsschläge waren?

Alle schweigen betroffen.
Der Mann gegenüber beginnt sinnierend:

MG: Es ist interessant, was Sie da sagen. Auch ich habe mir immer wieder Gedanken über solche Vorfälle oder andere Ungereimtheiten gemacht, aber letztlich wieder vom Tisch gewischt. Schließlich bin ich ja kein Verschwörungstheoretiker.

Er lächelt säuerlich.

MG: Doch ich muss sagen, dass die gesamte Lage sich in den letzten Jahren immer mehr zugespitzt hat. Wohin man schaut, sieht man eigentlich nur noch Sackgassen, aus denen es keinen vernünftigen Ausweg zu geben scheint. Ich gehe aus genau diesen Gründen bereits seit Jahren nicht mehr zur Wahl. Es gibt ja keine wirklichen Alternativen, aus denen man wählen könnte, und außerdem betrachte ich das Nicht-Wählen auch als Ausdruck meines Protestes. Aber eine wirkliche Lösung ist das natürlich nicht. Ich frage mich, wann wir endlich eine reelle Lösung als Alternative angeboten bekommen.

N: Von wem?

MG: Tja, von wem ...!

seufzt mein Gegenüber schicksalsergeben und starrt mit gesenktem Blick ins Leere.

I: Wissen Sie es?

frage ich da meinen Nebenmann.

N: Nun ja. Wer – wenn wir nicht wir? Wann – wenn nicht jetzt? Ich glaube, dass viele so denken wie Sie – und warten und in Lethargie verharren. Wenn jetzt alle aus der Lethargie erwachen, sich zusammentun und aktiv werden, dann wird unweigerlich etwas Neues entstehen, etwas Besseres, Zukunftsweisendes.

MG: Da mögen Sie Recht haben, doch dazu bräuchte es ein ganzes Heer von Idealisten, die aufstehen und anpacken! Aber so etwas passiert nicht. Die einzelnen haben nach wie vor zu viel Angst, um aus ihrem Schneckenhaus herauszukommen.

N: Zum Glück nicht alle! Es gibt da sehr interessante Entwicklungen. Ich möchte Ihnen kurz etwas vorlesen, wenn Sie nichts dagegen haben.

Alle nicken interessiert.

Er greift in seine Aktentasche und zieht ein Buch heraus. Nach kurzem Blättern hat er die gewünschte Stelle wohl gefunden und beginnt vorzulesen:

N: *(1) Die Volksgesundheit ist ein hohes Gut und steht unter dem besonderen Schutz dieser Verfassung. Der Staat wirkt auf ihre Erhaltung und Verbesserung in allen Bereichen hin.*

(2) Das gesamte Gesundheitswesen steht unter der Aufsicht des Staates. Es gibt nur eine staatliche Gesundheitskasse. Erwirtschaftete Überschüsse werden in den staatlichen Haushalt eingestellt.

(3) Der Staat hat darauf hinzuwirken, dass jeder Deutsche die Möglichkeit hat, seine Gesundheit selbst zu erhalten, wiederherzustellen oder zu verbessern. Er hat durch sein Bildungs- und Gesundheitswesen darauf hinzuwirken, dass jeder Mensch seine Eigenverantwortung erkennen und selbst aktiv an seiner Gesundheit arbeiten kann. Der Staat hat dabei allen Menschen durch entsprechende Bildungsangebote und andere Formen der Aufklärung zu helfen.

(4) Produkte, die die Gesundheit beeinträchtigen oder zu beeinträchtigen geeignet sind, können mit Steuern belegt werden.

Er blickt in die Runde.

N: Na, wie klingt das?

I: Interessant.

MG: Nicht schlecht. Klingt wie aus dem Grundgesetz.

FG: Aus dem Grundgesetz? Was redest Du denn da? Im gesamten Grundgesetz taucht das Wort „Gesundheit" oder „gesund" nicht ein einziges Mal auf!
Das hier ist eine ganz andere Ebene. Wenn das bei uns Gesetz wäre ... !

N: Ich habe hier noch eine kleine Ergänzung aus einem anderen Artikel:

*Der Staat als Willenswerkzeug der Bürger hat darauf hin-
zuwirken, jedem Menschen ein größtmögliches Maß an Glück,
Selbstbestimmung, Freiheit, Gesundheit, Bildung und Persön-
lichkeitsentwicklung zu ermöglichen.*

FG: Faszinierend! Das Wort „Glück" kommt im Grundgesetz übrigens
auch nicht vor. Ich habe das vor einiger Zeit einmal recherchiert.
Aber was war das denn jetzt, was Sie da vorgelesen haben?

N: Das waren Auszüge aus Art. 19 und Art. 16 der Verfassung des
neuen deutschen Staates, der 2012 gegründet worden ist.

MG: Wie bitte? Neuer deutscher Staat? Wollen Sie uns veräppeln?

N: Nein, um Gottes willen! Warum sollte ich?

MG: Naja, ich habe davon noch nie etwas gehört. Sie vielleicht?

Fragend blickt er in die Runde.
Alle schütteln den Kopf.

I: Nein, nicht im Geringsten! So etwas kann doch nicht unbemerkt
vor sich gehen!

N: Offenbar doch, wie Sie sehen!

MG: Lassen Sie mich raten: Das wird wohl von unserer Obrigkeit nicht
mit Wohlwollen gesehen?!

N: Durchaus nicht. Deswegen auch das Schweigen in den Main-
stream-Medien. Aber er existiert. Ich lebe mit meiner Familie seit
5 Jahren dort.

I: Wie geht das denn, einen neuen Staat zu gründen?

N: Einen Staat zu gründen, ist im Grunde nicht schwer. Damit er aber
Bestand hat und Sinn macht, sind schon einige Voraussetzungen zu
erfüllen. Nach den allgemeinen Regeln des Völkerrechts wird ein
Staat als eine Gemeinschaft definiert, die über ein Staatsgebiet, ein
Staatsvolk und eine Staatsgewalt verfügt.

MG: … und von anderen Staaten anerkannt wird, oder?

wirft der Mann von gegenüber ein.

i
S. 175

N: Nein, die Anerkennung ist keine notwendige Bedingung. Natürlich ist sie in der Praxis wünschenswert, aber die kann auch erst später dazu kommen. Viel wichtiger ist, dass der Staat eine Struktur und Institutionen hat, die ihn alltagstauglich machen.

I: Hat der neue Staat das denn alles?

N: Ja, er hat eine Verfassung – aus der habe ich ja gerade ein paar Auszüge vorgelesen – er hat eine Währung, eine Staatsbank, soziale Absicherung, ein Bildungssystem. Manche Dinge müssen erst noch gestaltet werden – dazu ist der Staat noch zu klein.

I: Wie heißt der Staat denn und wo liegt er genau?

N: Königreich Deutschland.

MG: Nee ... Soll das ein Scherz sein?

   ist die abschätzige Antwort.

N: Nein, warum?

MG: Königreich! ... Da will sich doch jemand über uns lustig machen! Wer will denn heute noch einen Monarchen mit Zepter und Robe!

N: Naja, die Engländer, Holländer, Belgier, Schweden, Dänen, Norweger, Spanier zum Beispiel. Und machen die einen irgendwie rückständigen Eindruck? Zepter und Robe benutzt man übrigens allenfalls für ganz besondere zeremonielle Anlässe.

MG: Aber wir haben heute eine freiheitliche Demokratie. Warum sollten wir uns da für einen Alleinherrscher entscheiden?

N: Wie gesagt, auch Großbritannien, die Niederlande, Belgien, Schweden, Dänemark, Norwegen, Spanien sind freiheitliche Demokratien. Der König ist dort kein Alleinherrscher. Genauso ist es im Königreich Deutschland – sogar noch mehr. Denn während in den anderen heutigen Monarchien die Königswürde als Erbfolge innerhalb einer Familie von Generation zu Generation weiter gereicht wird, ist das Königreich Deutschland eine Wahlmonarchie, d.h. der König wird jeweils demokratisch gewählt. Das ist so ähnlich wie der Bundespräsident in der BRD, nur dass hier das Staatsoberhaupt eben „König" genannt wird.

Der Unterschied ist allerdings – und deswegen sind die Könige und Königinnen in den anderen Monarchien so beliebt – dass der König völlig außerhalb des üblichen politischen Geklüngels steht und zu einer übergeordneten Bezugsperson wird, die nicht alle 4 oder 5 Jahre wechselt.

I: Und wer macht dann die Gesetze?

N: Gesetze werden vom Staatsrat verabschiedet, und die Regierungsgeschäfte werden von der Regierung geführt. Damit hat der König nichts zu tun.
Eines ist allerdings neu und einzigartig im Königreich Deutschland: Es gibt neben Legislative, Judikative und Exekutive eine vierte Gewalt, die Inspektive. Sie besteht darin, alle Gesetze, alle Verwaltungsvorgänge, alle Handlungen der Regierung oder eines staatlichen Organs oder Amtsträgers auf ihre Konformität mit der Verfassung zu überprüfen und bei Verletzung sofort aufzuheben. Der Inhaber und Träger dieser Kontrollgewalt ist der König.

I: Also ist er gleichzeitig so etwas wie das Bundesverfassungsgericht?

N: Im Prinzip ja, bzw. das Verfassungsgericht, das es im Königreich auch gibt, ist Teil dieser Inspektive. Der König agiert aber auch, ohne dass von jemandem Klage erhoben wird. In der BRD gibt es unzählige Verletzungen des Grundgesetzes, schon seit vielen Jahren. Es geschieht aber nichts, weil niemand dagegen klagt. Egal ob aus mangelndem Interesse oder mangelndem Geld gerät so das ganze System immer mehr in Schieflage. Im Königreich ist das nicht möglich, dafür sorgt der König als Garant für die Verfassung. Wenn er eine Verletzung der Verfassung erkennt, kann er sie umgehend beheben und hat sogar die verfassungsmäßige Pflicht, den rechtmäßigen Zustand wieder herzustellen.

I: Und wird der König dabei auch kontrolliert?

N: Selbstverständlich ist der König auch an die Verfassung gebunden. Bei groben Verstößen kann er seines Amtes enthoben werden.

I: Ah ja! Das ist ja interessant.

MG: Ja, finde ich auch,

  murmelt mein Gegenüber.

MG: Wie läuft das wirtschaftlich? Eher Kapitalismus oder eher Kommunismus?

N: Weder noch. Es handelt sich um ein neuartiges Wirtschaftsmodell, das man vielleicht am ehesten als „Gemeinwohlwirtschaft" bezeichnen könnte. Laut Verfassung sind Zins und Zinseszins verboten, und Steuern gibt es nur zum Steuern.

MG: Was heißt das?

N: Direkte Steuern sind in der Regel freiwillig. Steuern erfüllen bei uns einen positiven Zweck. Sie werden beispielsweise auf Produkte oder Aktivitäten erhoben, die Gesundheit und Umwelt belasten, damit die Schäden nicht der Allgemeinheit aufgebürdet werden.

MG: Und woher soll der Staat dann sein Geld bekommen?

N: Die primäre Frage sollte doch gar nicht sein, woher der Staat Geld bekommt, sondern wie viel Geld der Staat überhaupt braucht. In einer Gesellschaft, in der nicht jeder nur an sich selbst denkt, aber auch nicht jeder alles nur vom Staat haben will, erscheint diese Frage in einem ganz anderen Licht. Überlegen Sie mal, wie viel Geld der Staat heute sparen könnte, wenn wir nicht alle so egoistisch wären – oder sein müssten, um über die Runden zu kommen. Dann bestünde doch viel mehr Freiraum bei jedem für gemeinnützige Handlungen etc. Dann müsste sich aber auch nicht jeder an den Staat um Hilfe wenden, wenn er nicht weiter kommt.

MG: Mit anderen Worten: Dann werden die Sozialleistungen vom Staat auf die Bürger abgewälzt.

N: Betrachten Sie es doch mal so: Die Menschen in einer Gemeinschaft sind ja grundsätzlich füreinander da, und wer selbst genug hat, der wird eine bittende Hand kaum abweisen. In den üblichen Sozialsystemen wird dieser Dienst am Nächsten aber anonym auf alle verteilt und umgeschichtet, und so bezahlt jeder für andere Menschen, aber für Menschen, die er gar nicht kennt, mit denen er nichts zu tun hat. Das ist der Preis, wenn man den Staat als Institution zwischen die direkten zwischenmenschlichen Beziehungen schaltet. Dann geht die gesamte Menschlichkeit verloren, und wegen Bürokratie, Verwaltung etc. kommt nur ein Bruchteil der ganzen Abgaben bei den Betroffenen an.

I: Und wie funktioniert das dann bei Ihnen?

N: Das machen die einzelnen Gemeinden unterschiedlich. Bei uns z.B. gibt es ein Amt für gegenseitige Unterstützung. Die haben dort eine lange Liste mit zu erledigenden Arbeiten für die Gemeinde oder für andere Menschen, die kleine oder größere Projekte bei dem Amt gemeldet haben. Gleichzeitig ist dort hinterlegt, wie viel einmalige oder regelmäßige Arbeitskraft benötigt wird und wie viel für jedes Projekt bezahlt wird. So erhält jeder immer Möglichkeiten, durch eigene Aktivität Leistungen für andere bzw. für die Gemeinschaft zu erbringen und dafür eine Gegenleistung zu erhalten.

I: Wird das angenommen?

N: Und wie! Von beiden Seiten! Sie glauben gar nicht, wie viele Menschen sich für die Sauberkeit der Stadt, des Bahnhofs, der Grünanlagen etc. einsetzen und dafür entlohnt werden, oder für Aushilfsarbeiten an privaten Häusern, Gärten etc., oder sich in Projekten engagieren, von denen sie zuvor noch nie gehört hatten. Mittlerweile gibt es bei uns keine „Sozialfälle" mehr. Jeder erhält ein reelle Chance, die Gestaltung seines Lebens selbst in die Hand zu nehmen, und niemand muss sich mehr als Bittsteller oder Almosenempfänger fühlen, denn jeder tut etwas und bekommt etwas dafür.

I: Das klingt sehr beeindruckend.

FG: Ja, finde ich auch.

MG: Aber irgendwann ist doch mal alles sauber und schön. Und wenn es keine neuen Projekte mehr gibt?

N: Ich glaube mittlerweile, dass das nie passieren wird. Das Ganze hat eine derartige Eigendynamik entwickelt, dass man es sich kaum vorstellen kann. Ständig entstehen neue Kontakte, Gruppierungen,

Netzwerke, neue Ideen, Projekte, Konzepte. Das geht inzwischen weit über Reparaturen, Aufräumen, Verschönerungen etc. hinaus, ganze Unternehmungen haben sich da schon gebildet, wirtschaftliche, künstlerische, handwerkliche.

I: Und wo kommt die Motivation der Menschen her?

N: Ich denke, dass das die normale natürliche Motivation ist, der menschliche Tatendrang, der nur von dem Joch eines unmenschlichen Systems befreit werden musste.

MG: Und wenn jemand nichts tun kann, weil er krank ist, zum Beispiel?

N: Wenn er krank ist, kümmert sich die Gesundheitskasse, und es gibt auch immer einige, die beim Amt für gegenseitige Unterstützung kein Projekt melden, für das sie jemanden bezahlen möchten, sondern eine Summe als Spende für besonders Bedürftige. Wie gesagt: Das ist eine beiderseitig sehr ausgewogene Einrichtung – und alles läuft auf der Ebene von Mensch zu Mensch ab, keine anonyme Behörde jenseits aller Menschlichkeit.

MG: Trotzdem wird auch bei Ihnen der Staat Geld brauchen.

N: Ja selbstverständlich, das wollte ich ja nicht in Abrede stellen. Ich wollte nur zunächst einmal darauf hinweisen, dass erheblich weniger Geld vom Staat aufgewendet werden muss, wenn jeder einzelne wieder mehr Verantwortung selbst und direkt übernimmt.
Einnahmen erzielt der Staat durch Staatsbetriebe, die ebenfalls meist mit dem Gemeinwohl zu tun haben.

MG: Staatsbetriebe ...

Mein Gegenüber rümpft die Nase.

MG: Das hat für mich den Geruch von Kommunismus, von Planwirtschaft und Staatsmonopolie. Das hat doch schon einmal nicht funktioniert!

N: Da werfen sie aber mehrere Sachen in denselben Topf, die gar nicht zusammengehören. Niemand hat von Planwirtschaft oder Staatsmonopolen gesprochen. Ein vernünftig geführter betriebswirtschaftlich gesunder Betrieb muss doch nicht schlecht sein, nur weil er dem Staat gehört!

Gerade in den Kernbereichen, die mit der Grundversorgung der Bevölkerung zu tun haben, ist es geradezu ein Muss, mit Staatsbetrieben zu arbeiten. Alles andere wäre verantwortungslos. Denn sonst hängt die Befriedigung elementarer Grundbedürfnisse aller von dem Streben nach Gewinnmaximierung einiger weniger Privatpersonen ab. Denken Sie nur an die Privatisierung der Wasser- oder Energieversorgung, oder der Bahn! Was sind die Folgen: Streiks, Zugausfälle oder Verspätungen wegen technischer Probleme, Streckenstilllegungen, Rückbau von Gleisen, oftmals kein Service mehr im Bahnhof, weil die Bahnhofsgebäude anderweitig versteigert worden sind, immer weniger Verbindungen, höhere Preise! Der Geschäftsführung der Bahn kann es egal sein, wenn die Bevölkerung nicht mehr zufriedenstellend von ihr versorgt wird. Hauptsache: Der Gewinn und der Börsenkurs stimmt. Und die Bevölkerung hat auch keine Möglichkeit der Einflussnahme mehr.

Da ist es doch wahrlich besser, wenn wir es mit Staatsbetrieben zu tun haben. Dann untersteht die Geschäftsführung einer demokratischen Kontrolle, und die Gewinne fließen dem Staat – also der Allgemeinheit – zu.

MG: Aber ohne Konkurrenzkampf wird alles stagnieren. Es wird doch keine neuen, verbesserten Produkte mehr geben, wenn alles über den Staat läuft.

N: Nein. Sie denken da wieder an Staatsmonopole, die niemand haben will. Jeder kann zu jeder Zeit einen eigenen privaten Betrieb eröffnen, sogar der Staat kann mehrere konkurrierende Staatsbetriebe führen. Aber die Grundversorgung der Bevölkerung liegt in demokratisch gewählten Händen, und der Staat bestreitet Einnahmen, indem er für die Bevölkerung etwas tut, nicht indem er einfach die Hand aufhält.

I: Ich finde, das ist ein sehr interessantes System.

N: Aber das ist noch nicht alles. Auch die Überschüsse der Gesundheitskasse fließen dem Staat zu. Dadurch wird es zum ureigenen Interesse des Staates, dass die Menschen so wenig wie möglich krank werden. Denn er verliert mit jeder benötigten Behandlung Einnahmen.

FG: Führt das nicht dazu, dass nur wenig oder widerwillig von der Kasse erstattet wird?

N: Nein, im Gegenteil. So gut wie alles wird erstattet. Der Grundsatz lautet: Wer heilt, hat Recht. Es gibt nicht diese merkwürdigen Einschränkungen, dass Heilpraktiker nicht erstattet werden, oder das eine Medikament ja, das andere nein, vor allem wenn es etwas Natürliches oder Homöopathisches ist.
Es ist vielmehr so, dass die gesundheitliche Selbstverantwortung der Menschen gestärkt wird, durch Seminare, Schulungen, Aufklärung etc. Der Staat setzt sich bei uns aktiv dafür ein, dass die Menschen gesünder leben. Ich habe hier ein paar Broschüren dabei. Wenn Sie möchten, können Sie sich die mal anschauen.

Er gibt jedem einen kleinen Prospekt über die „Deutsche Heilfürsorge" – das ist der Name der Gesundheitskasse.

Als er ihn mir reicht, frage ich gleich nach:

I: Dürfte ich auch die Verfassung mal kurz anschauen?

N: Aber gerne.

Er gibt sie mir.
Es ist ein schönes kleines gebundenes Buch mit einem geradezu feierlichen Aufdruck.
Ich lese auf der Rückseite:
Mit der Gründung des Staates „Königreich Deutschland" am 16.09.2012 wurde die Vision eines freiheitlichen Staates für alle Deutschen Wirklichkeit. Die hier vorliegende Verfassung ist die Grundlage einer neuen Zukunft für alle Menschen. Sie zeigt auf, wie ein Staat, als Willenswerkzeug der Menschen, lediglich die Rahmenbedingungen für Glück, Wohlstand, Sinnhaftigkeit und Freiheit zu setzen hat. Die Verfassung des Königreiches Deutschland garantiert all diese Werte. Sie ist die in rechtliche Form gegossene Schöpfungsordnung. Nur eine derartige Ordnung kann Bestand haben und zu dauerhaftem Frieden führen ...

Schöpfungsordnung – welch ungewöhnliches Wort in einem heutigen Dokument, geschweige denn in einem Gesetzeswerk! Ganz offensichtlich bin ich hier auf eine Unternehmung gestoßen, die nicht nur irgendeine ideologische Kapriole ist, sondern etwas von großer Tragweite und nicht so leicht zu erfassender Tiefe.

Ich lasse meinen Blick gedankenverloren aus dem Fenster schweifen. Während dieser kurzen Zugfahrt habe ich so viele Denkanstöße und neue Impulse erhalten, dass ich wahrscheinlich einige Wochen brauchen werde, um sie alle zu verdauen und richtig einzuordnen: Die Gesundheitsproblematik, die enorme Abhängigkeit, in die wir uns alle haben hineinmanövrieren lassen, wobei eigentlich Selbstverantwortlichkeit angebracht wäre, die aber immer weiter erschwert und beschnitten wird; dann dieser wahnsinnige Drang zu Wachstum und Gewinnmaximierung auf allen Ebenen, der uns allen letztlich aber mehr kostet als bringt, wobei die Gesundheitsproblematik sich eigentlich als Symptom der Gewinnmaximierung der „Gesundheitsindustrie" entpuppt; und dann die Feststellung, dass letztendlich unser zinsbehaftetes Geldsystem die Wurzel für den Wachstumswahn und alle daraus resultierenden Probleme ist. Nur 20% unserer Steuern wären für unser Gemeinwesen nötig, der Rest geht an die Banken! Unglaublich! Warum machen da alle mit und ändern nichts oder protestieren nicht zumindest? Aber eigentlich muss die Frage lauten: Warum mache ich da mit, warum ändere ich nichts, warum gehe ich nicht auf die Barrikaden? Aus Unwissenheit? Das erklärt es nur zum Teil. Ich hätte ja meine Augen aufmachen, mich informieren können! Ist es Angst? Ist es Lethargie, wie mein Nebenmann meinte?

Es ist bewundernswert, wie viel Einblick er in viele Dinge zeigt, und wie sympathisch er das rüber bringt, ohne Überheblichkeit. Ich hatte nicht ein einziges Mal das Gefühl eines erhobenen Zeigefingers, obwohl er uns durchaus in vielen Dingen „belehrt" hat.

Ja, und dann der Hammer überhaupt: Das Königreich Deutschland, die existierende Lösung für all diese Probleme, mitten in Deutschland, ein Staat ohne Steuern, ohne Zinsen, mit einem ganz neuen Wirtschaftssystem. Und ich habe noch nie etwas davon gehört! Eigentlich sollte ich mir das sofort ansehen – und am besten mich daran beteiligen. Wenn es schon eine Lösung gibt und man sie gar nicht mehr suchen muss, dann ist doch kein Grund mehr vorhanden zu warten ...

In diesem Gedankenfluss wendet sich mein Nebenmann an mich:

N: Bis wohin fahren Sie denn?

I: Warum fragen Sie?

antworte ich verdutzt.

N: Nun ja, vielleicht hätten Sie ja Lust, das Königreich selbst einmal kennen zu lernen? Am nächsten Bahnhof endet dieser Zug. Da müssten Sie nur einmal umsteigen und sind dann gleich da. Ich kann Sie gerne hinbringen ... Wenn Sie möchten!

I: Das ist sehr nett, vielen Dank,

sage ich, schon fast ablehnend, denn immerhin habe ich das Wochenende anders geplant. Aber habe ich nicht gerade festgestellt, dass es keinen Grund mehr gibt, noch länger abzuwarten? So gebe ich mir spontan einen Ruck und sage zu. Wenn wir schon so nahe sind, sollte ich mir diese einzigartige Gelegenheit nicht entgehen lassen.

Ich gebe ihm die Verfassung zurück, packe die Broschüre ein und beginne, mich auf den Aufbruch vorzubereiten.

Es geht alles ganz leicht und schnell, fast wie im Flug, und schon sitzen wir in einem kleineren Zug, der uns direkt ins Königreich bringen soll.

N: Ich bin übrigens Norbert. Von mir aus können wir uns gern beim Vornamen nennen.

I: Ja, gerne. Freut mich. Ich bin Thomas.

Es ist schon ein recht vertrautes Verhältnis, dafür dass wir uns erst vor so kurzer Zeit kennen gelernt haben.

I: Was muss ich mir jetzt vorstellen? Wo kommen wir hin, was erwartet mich?

N: Nun ja, eigentlich nichts Besonderes. Ich will nicht zuviel erzählen, Sie sollen sich ja selbst ein Bild machen können. Wir kommen jetzt dann nach Talweis, eine Gemeinde des Königreichs. Es gibt inzwischen 5 Gemeinden in Deutschland. Talweis war die erste, ihr Wechsel ins Königreich war vor fast 5 Jahren.

I: Wechsel?

N: Das erkläre ich Ihnen später. Jetzt müssen wir gleich raus.

Ich werfe einen Blick aus dem Fenster. Wir nähern uns einem kleinen Bahnhof. Eigentlich könnte es ein typischer deutscher Kleinstadtbahnhof sein, aber mir fällt sofort auf, wie gut gepflegt er ist und wie gut die Gebäude aussehen – ziemlich untypisch!
Wir nehmen unsere Koffer und steigen aus.
Ich blicke mich aufmerksam um, in der Erwartung, etwas Spektakuläres zu entdecken, aber ich finde nichts Auffallendes. Oben auf dem Bahnhofsgebäude flattert eine verkehrte Deutschlandflagge, Schwarz unten und Gold oben.
Ich spreche Norbert darauf an, und er erwidert mit einem verschmitzten Lächeln:

N: Ja, wieder einer, der in der Schule nicht gut aufgepasst hat!

I: Wieso?

N: Naja, Sie haben doch sicherlich schon einmal etwas vom Hambacher Fest gehört?

Ich erinnere mich dunkel: bürgerliche Opposition, Vormärz, ein großes Fest mit Forderungen nach nationaler Einheit, Freiheit und Souveränität des Volkes.

I: Ja, habe ich.

N: Wenn Sie sich die Bilder vom Hambacher Fest genauer angesehen hätten, dann hätten Sie schwarz-rot-goldene Flaggen – von unten nach oben – gesehen.

I: Wirklich? Das war die ursprüngliche deutsche Flagge?

N: Ja, das war sie: Schwarz als Bezeichnung der Nacht, die während der Fremdherrschaft über Deutschland lag, Gold die Morgenröte der errungenen Freiheit und Rot das Herzblut, mit dem sie erkämpft ward. Oder unten die Erde, auf der die Menschen mit ihrer Lebenskraft zum goldenen Zeitalter streben. Bei der BRD-Flagge dagegen ist das Dunkle wie ein Deckel für alles andere und begräbt die Lebenskraft und Spiritualität.

Ich schaue noch einmal hinauf zu der Flagge und bemerke, dass sie nicht nur aus den drei Farben besteht, sondern auch noch eine aufgehende Sonnensichel mit Strahlen zeigt. Gerade jetzt wird sie von der spätnachmittäglichen Sonne über das Dach hinweg angestrahlt und macht einen sehr verheißungsvollen Eindruck auf mich.

Wir gehen weiter und verlassen den Bahnhof.

N: Wenn es Ihnen nichts ausmacht, würde ich vorschlagen, dass wir ein paar Schritte zu Fuß gehen. Es ist schönes Wetter, und Sie können so sicher einen besseren ersten Eindruck gewinnen. Dann zeige ich Ihnen ein kleines Hotel, in dem Sie übernachten können.

I: Ok, gute Idee!

So gehen wir über den belebten Bahnhofsvorplatz in Richtung Fußgängerzone.

Es herrscht reges Treiben, viele erledigen ihre Einkäufe, andere schlendern eher ziellos umher und genießen die schöne Sonne. Auf dem Platz und an den Straßenrändern sieht man einige Stände, an denen verschiedene Waren, aber auch Getränke und kleine Speisen angeboten werden.

I: Ist heute Markt bei Ihnen?

N: Nein, warum? Sie meinen, wegen der Verkaufsstände? Das ist fast immer so hier. Seit dem Wechsel haben viele Menschen diese Art der Aktivität für sich entdeckt. Das hat zu einer schönen Belebung der Fußgängerzone geführt. Die meisten genießen die abwechslungsreiche Vielfalt. Das Straßenbild ist nicht mehr so monoton und gleichförmig wie zuvor. Ich gehe z.B. oft einfach nur hierher, um zu sehen, was es heute Interessantes gibt. Und für die Anbieter ist das eine gute Möglichkeit, ihre Produkte und Dienstleistungen zu zeigen, ihre Projekte vorzustellen, Kontakte zu knüpfen und natürlich Geld zu verdienen – alles ohne großes Brimborium, Investitionen oder so. Die ganzen komplizierten Vorschriften von früher gibt es ja seit dem Wechsel nicht mehr, auch Steuern, Abgaben usw., das ist alles Vergangenheit.

I: Und das funktioniert? So ganz ohne Vorgaben und Kontrollen?

N: Ja und nein. Wissen Sie, bei uns wurde das sogenannte Vertrauensprinzip eingeführt. Dabei wird davon ausgegangen, dass jeder seine Aktivitäten in voller Verantwortlichkeit für sich selbst, seine Mitmenschen und sein Umfeld ausführt. D.h. jeder kontrolliert sich selbst und vertraut darauf, dass die anderen das genauso machen. Das gilt für alle Lebensbereiche.

I: Und das funktioniert wirklich?

frage ich noch einmal.

N: Ja, jeder achtet darauf, dass seine Freiheit genau da aufhört, wo sie beginnt, die eines anderen einzuschränken. Sie glauben gar nicht, was dieses Vertrauensprinzip bei den meisten Menschen bewirkt hat. Vorbei mit dem allgegenwärtigen Gefühl, beobachtet, kontrolliert und überwacht zu werden und deshalb in ständiger Angst zu leben, gegen irgendeine Vorschrift zu verstoßen. Stattdessen handelt man nach bestem Wissen und Gewissen und bezieht die Sorgfalt für die Umwelt und die Menschen um einen herum mit ein.

I: Oh ja, das kann ich gut nachvollziehen. Ich stecke gerade mitten in einer Steuerprüfung und weiß, wie sich Kontrolle und Überwachung anfühlen. Das Schlimmste dabei ist, dass bei diesem ungeheuren Wust von Gesetzen und Verordnungen immer irgendwo irgendein Fehler zu finden sein wird.

N: Das ist ja auch durchaus so gewollt. Verunsicherte Bürger, die immer – potentiell – ein schlechtes Gewissen haben, lassen sich leichter klein halten ohne aufzumucken. Bei uns dagegen steht der Mensch und seine Entwicklung im Mittelpunkt – deshalb das Vertrauensprinzip. Außerdem haben wir viel weniger und für jeden verständliche Regeln.

I: Das setzt aber doch schon eine gehörige Bewusstseinsentwicklung bei jedem einzelnen voraus, dass alles ohne jegliche Kontrollen funktioniert.

N: Ganz so ist es in der Tat auch nicht. Auch unser Ordnungsamt führt durchaus sporadische Kontrollen durch, allerdings nur in geringem Maßstab und meist inkognito im Alltag. Und ernste Verstöße, die dabei zu Tage treten oder sonst von irgendjemandem festgestellt und gemeldet werden, werden auch geahndet – je nach Art und Schwere. Vor allem aber: Wenn bei jemandem einmal ein Verstoß gemeldet worden ist, dann bekommt er regelmäßige und strenge Kontrollen aufgebrummt. Darauf hat keiner Lust. Das alleine ist schon Anreiz genug, alles richtig zu machen.

I: Das heißt quasi, man macht die Dinge richtig, nicht weil man kontrolliert wird, sondern damit man nicht kontrolliert wird ...?

N: Ja, so könnte man es sagen. Das klingt auf den ersten Blick nach keinem großen Unterschied. Aber psychologisch oder von der Mentalität her ist der Unterschied kolossal.

Wir gehen weiter. Man kann wirklich ein reges Interesse an den Ständen oder Bauchläden beobachten.

I: Haben die Ladenbesitzer denn nichts dagegen, dass hier so viele Konkurrenten auf der Straße stehen?

N: Das war schon anfangs so. Aber es hat sich mittlerweile gezeigt, dass auch das Geschäft der Läden belebt wird, dadurch dass einfach mehr los ist, weil die Leute öfter durch die Straßen gehen. Und einige Ladengeschäfte schließen sich diesem Trend an, indem sie irgendwo weiter weg auch immer wieder einen kleinen Stand aufstellen. Vielfalt belebt einfach, und Reglementierung engt ein.

Inzwischen sind wir an dem Hotel angelangt – Hotel Rose. Norbert bleibt stehen und zeigt mir den Eingang.

N: Hier können Sie günstig und gut übernachten. Und wenn Sie Lust haben: Heute Abend findet in der Akademie eine interessante Vortrags- und Diskussionsrunde über die Geschichte der Erde und des Sonnensystems statt. 19.30 Uhr, gleich hier, 100 m in der Querstraße rechts. Sie werden es sofort sehen, da wird eine Menge los sein.

I: Das klingt interessant. Da komme ich gerne. Werden Sie auch da sein?

N: Ja, auf alle Fälle. Das ist immer eine Art Höhepunkt im Monat. Ich halte Ihnen einen Platz frei. Dann sehen wir uns dort.

Er drückt mir herzlich die Hand und verschwindet in der Menschenmenge, wobei er mir noch mal zuwinkt.

Ich nehme meinen Koffer in die Hand und betrete das Hotel. Es macht einen sehr freundlichen Eindruck auf mich, hell, frisch, sauber. Ich gehe an die Rezeption und klingele. An der Wand hängt die Preisliste: 30 Mark pro Nacht für ein Einzelzimmer. Mark? Hm, wie viel mag das wohl sein? Jetzt werde ich mir erst bewusst, dass ich noch gar nichts über die Währung hier weiß.

„Guten Tag," höre ich da eine freundliche Frauenstimme. Ich drehe mich rasch in ihre Richtung und sehe eine etwa 30jährige brünette Frau, die mit einem offenen Lächeln auf mich zu kommt.

F: Sie suchen ein Zimmer?

fragt sie.

I: Ja, allerdings habe ich gerade festgestellt, dass ich gar nicht weiß, was eine Mark eigentlich ist.

F: Das ist doch kein Problem. Das wissen viele nicht, die hierher kommen,

sagt sie lachend.

F: Die Neue Deutsche Mark ist die gesetzliche Währung unseres Königreichs, und sie liegt mittlerweile ungefähr 13% über dem Euro. Also entspricht 1 Mark 1,13 Euro.

I: Aha. Dann sind Sie ja ganz schön billig. Ich würde gerne mal ein Zimmer anschauen.

Meine Unsicherheit muss wohl spürbar sein.

F: Das dürfen Sie gerne. Aber Sie müssen da keine Bedenken haben. Wenn Sie von draußen kommen, mag Ihnen der Preis sehr niedrig vorkommen. Doch vergessen Sie nicht, dass wir hier keine Steuern haben und auch die Lohnkosten geringer sind, weil es einfach viel weniger Abgaben gibt.
     Kommen Sie mit, ich zeige Ihnen gleich einmal eins unserer Zimmer.

Sie führt mich die Treppe hinauf durch einen kleinen Gang zu einem Zimmer mit Dusche und WC. Es ist wirklich schön, hell und geräumig, mit Blick auf einen ruhigen Hinterhof. Ausgestattet ist es mit einem breiten Bett, einem Nachttisch, einem Tisch mit zwei Stühlen, einem Fernseher, Internetanschluss, einem Kleiderschrank – nichts zu meckern.

I: Wirklich schön,

sage ich anerkennend.

I: Das würde ich gleich nehmen.

F: Gut.

Die Frau lacht.

F: Dann überlasse ich Ihnen hier den Schlüssel. Frühstück gibt es morgens von 6.30 Uhr bis 9.30 Uhr unten gleich neben der Rezeption.

I: Muss ich mich zum Frühstück anmelden, und wie viel kostet es?

F: Nein, das ist im Preis inbegriffen, und Sie kommen einfach und bedienen sich am Frühstücksbuffet. Wie lange möchten Sie denn bleiben?

I: Ach ja. Bis Sonntag.

F: Gut, ich trage das unten ein. Dann wünsche ich einen schönen Aufenthalt.

Sie verabschiedet sich und lässt mich in dem Zimmer alleine.

Wirklich unglaublich, so ein schönes Zimmer – mit Frühstück – für knapp 34 Euro, und das mitten im Zentrum! Dafür hätte ich eine muffige Bude mit alten knarrenden Möbeln, durchgelegener Matratze und schimmeligem Bad erwartet.

Nun gut! Jetzt bin ich also im Königreich Deutschland. Was soll ich jetzt als nächstes tun? Heute Abend werde ich auf alle Fälle zu diesem Vortrag gehen. Das klingt spannend, auch das Thema selbst interessiert mich. Bis dahin aber ...?

Diese Frage beantwortet mein Magen für mich, und das deutlich hörbar. Ich habe ja auch seit heute Vormittag nichts mehr gegessen.

Also auf die Suche nach etwas Essbarem im Königreich! Ich lasse meine Sachen stehen, verlasse das Zimmer und bin nach wenigen Schritten wieder auf der belebten Straße.

Bevor ich mir irgendetwas kaufen kann, muss ich zunächst einmal Geld wechseln. Deshalb halte ich als erstes Ausschau nach einer Bank. Eigentlich sollte das mitten in der Fußgängerzone nicht schwierig sein, doch weit und breit kann ich kein Bankenschild sehen. Deshalb gehe ich zu einem der Stände und frage den Anbieter.

A: 'Ne Bank?

gibt mir der Mann zur Antwort.

A: Banken gibt's hier schon lang nich mehr. Die mussten nach dem Wechsel alle gehen.

I: Warum das denn?

A: Ja, es gibt bei uns nur noch 'ne Staatsbank, die Königliche Reichsbank. Das is die Hüterin unserer Währung. Damit kann hier nich mehr für privaten Profit die ganze Wirtschaft zum Kollaps gebracht werden.
Wollen Se Euros wechseln? Wenn's nich viel is, können Se das auch bei mir tun. Ich krieg die Dinger schnell wieder los.

I: Ja, ich wollte 150 Euro wechseln.

Er reicht mir 150 Neue Deutsche Mark und fügt hinzu:

A: Wenn Se mir 170 geben, können wir das ganz einfach machen.

I: Ok.

Ich gebe ihm noch 20 Euro dazu.

I: Sie scheinen ja nicht so begeistert zu sein!?

A: Niemand hat hier gern diese Scheinchen. Verlieren ja auch rapide an Wert. Und eines schönen Tages kriegen Se gar nix mehr dafür. Da hab' ich keene Lust zu. Unsere Deutsche Mark, das is 'was Reelles. Das is 'ne echte gesetzliche Währung, nich' nur so'n Lappen Papier.

I: Was meinen Sie damit?

A: Naja, für so'n Euro-Schein kriegen Se ja nur 'was, wenn jemand anders ihn als Zahlungsmittel anerkennt. Wenn das keener mehr

ⓘ
S. 171

macht, dann ham Se keen Rechtsanspruch auf nix. Sie könn'n dann Ihren Schein och in der Pfeife rauchen.

Bei unserer gesetzlichen Währung ham Se mit jedem Schein 'nen gesetzlichen Anspruch auf 'nen bestimmten Gegenwert. Den können Se einklagen.

I: Ach so?

A: Ja, deshalb gibt's och nur eene Staatsbank. Die sorgt dafür, dass das Geld im Umlauf immer och mit den entsprechenden Werten hinterdeckt ist.

Ich bin verblüfft. Das ist tatsächlich ein großer Unterschied zum Euro, wo ja seit Jahren in Unmengen Geld gedruckt wird, ohne dass damit irgendwelche Werte verbunden wären.

I: Vielen Dank für die Info – und für das Geld. Wo kann man denn hier eine Kleinigkeit essen?

A: Ach, geh'n Se doch mal Richtung Bahnhof. Da gibt's 'ne Menge.

I: Vielen Dank. Tschüs.

Wie er empfohlen hat, gehe ich wieder zurück zum Bahnhof und halte Ausschau nach einem Imbiss oder ähnlichem. Die allbekannten Schilder und Marken sehe ich aber gar nicht – kein Burger oder ähnliches. Ich habe zunächst Mühe, überhaupt Essensangebote zu identifizieren. Es ist schon auffällig, wie konditioniert man von Markenzeichen und Symbolen ist. Wenn man das Vertraute nicht sieht, muss man gleich zweimal hinschauen, um zu erkennen, was eigentlich angeboten wird.

Schließlich finde ich aber doch einige Imbissgelegenheiten. Als attraktivste fällt mir ein kleiner Laden mit großem Schaufenster ins Auge, auf dem steht: *Lecker – Gesund.* Darunter lese ich auf der Schaufensterscheibe:

Unsere Prinzipien:
Lecker – für Auge und Gaumen
Frisch – Zutaten und Zubereitung
Gesund –

und neben *Gesund* sind 3 Kronen angeklebt, eine goldene, eine grüne und eine blaue und dann noch ein grünes Blatt.

Ein Blick ins Innere des Ladens zeigt eine Selbstbedienungstheke mit vielen kleinen Schälchen und Töpfchen, frischem Gemüse und Obst. Alles sieht sehr ansprechend aus, also gehe ich hinein.

Man kann sich an der Theke einen Salatteller aus den verschiedenen frischen Zutaten zusammenstellen, dazu eine Suppe, einen Gemüseeintopf oder Reis mit verschiedenen Beilagen. Alles sieht sehr appetitlich aus und riecht verführerisch.

Ich stelle mir einen großen Salatteller zusammen und gehe damit zur Kasse. Es kostet nur 4 Mark. Das erscheint mir als zu wenig. Deshalb frage ich nach:

I: Stimmt das? Das kommt mir sehr wenig vor!

K: Nein, nein, das ist schon richtig,

erwidert die Dame an der Kasse.

K: Sie haben doch gesehen, dass der Großteil unserer Zutaten aus dem Königreich kommt.

I: Nein, das habe ich nicht gesehen.

K: Die grüne Krone dort im Schaufenster.

I: Ach so? Ich hatte mich schon gefragt, was die Kronen zu bedeuten haben!

K: Sie sind wahrscheinlich nicht von hier, oder? Dann erkläre ich Ihnen das gerne. Es ist ja gerade nicht viel los.
Sehen Sie, wir haben hier im Königreich einige Markierungen eingeführt, aus denen man auf einen Blick Informationen über die Inhaltsstoffe etc. bekommt. Die grüne Krone z.B. bedeutet, dass die Zutaten oder Rohstoffe aus dem Königreich kommen. Damit weiß man dann bei Nahrungsmitteln sofort, dass sie naturgesetzgemäß angebaut worden sind.

I: Aha!?

K: Ja, andere Anbauarten sind im Königreich gar nicht erlaubt.
Die blaue Krone bedeutet, dass die Verarbeitung der Rohstoffe nach der Naturgesetzrichtlinie erfolgt ist, also auch hier nichts Schädliches oder Bedenkliches gemacht wurde.

Und die goldene Krone schließlich zeigt bei Nahrungsmitteln, dass allenfalls Inhaltsstoffe nach der goldenen Liste enthalten sind. Die goldene Liste führt alle natürlichen und unbedenklichen Geschmacksstoffe, Stabilisatoren etc. auf. Nur wenn nichts anderes verwendet wurde, darf ein Nahrungsmittel die goldene Krone führen.

I: Das klingt ja kompliziert. Weiß denn jeder, was auf dieser Liste steht?

K: Nein, eben nicht. Aber so können auch diejenigen bewusst einkaufen, die nicht jeden Inhaltsstoff kennen oder nicht die Zeit haben, alle Zutaten im Detail zu überprüfen.

I: Was ist dann also nach dieser Liste nicht erlaubt?

K: Beispielsweise die meisten Geschmacksverstärker, Natriumglutamat, künstliche Aromastoffe, Schlachtereiabfälle, die draußen immer so schön als „Mono- und Diglyzeride von Speisefettsäuren" bezeichnet werden, chemisch veränderte Fettsäuren usw., also all das, worüber sich die wenigsten Gedanken machen und was auf lange Sicht zu enormen Zivilisationskrankheiten führt.

I: Hat das grüne Blatt dort auch eine Bedeutung?

K: Ja, selbstverständlich. Das zeigt an, wenn keine tierischen Inhaltsstoffe zur Anwendung kommen.

I: Ok. Und wenn ich nun etwas Vegetarisches suche, das aber auch Milchprodukte enthalten darf?

K: Nun, die vollständige Zutatenliste muss ja bei jedem Produkt angegeben werden. Sehen Sie, hier …

Sie zeigt mir eine Tabelle, die neben der Theke angebracht ist.

K: … finden Sie genau, was überall drin ist. Wir haben noch extra hervorgehoben, was nicht drin ist: Fleisch, Schweinefleisch, Eier, Kuhmilch, usw. usf. So kann jeder ganz genau wählen, was er sucht oder was er vermeiden will. Die Symbole sollen ja nur eine grobe Orientierungshilfe sein.

Ich lasse eine andere Kundin vorbei, die mit ihrem Tablett zur Kasse kommt. Als sie bezahlt hat, komme ich auf meine ursprüngliche Frage zurück.

I: Und was haben die Symbole nun mit dem Preis zu tun?

K: Ganz einfach: Wenn die Zutaten aus dem Königreich stammen, dann hat das den Nebeneffekt, dass sie von vornherein nicht mit Steuern belegt waren und deshalb günstiger sind. Bei uns stammen alle frischen Zutaten aus dem Königreich, nur beim Reis und einigen Beilagen kaufen wir zu. Somit ist fast alles von Anfang an steuer- und abgabenfrei, und das merken Sie soeben am Preis.

Ich bin beeindruckt. An solche Folgeketten habe ich noch gar nicht gedacht.

Ich bedanke mich, bezahle und setze mich an einen kleinen Tisch am Fenster, um noch ein bisschen das Treiben auf der Straße beobachten zu können. Es ist wirklich viel los da draußen, aber letztlich ist es auch nicht verwunderlich, an einem so herrlichen Maitag. Da kann wohl kaum jemand zu Hause bleiben.

Ich genieße meinen Salat in vollen Zügen. Er ist wirklich sehr gut und frisch. Die Tomaten, die Gurken – alles sehr aromatisch.

Moment mal! Wieso eigentlich Tomaten? Ich drehe mich abrupt um, um die Kassiererin zu suchen. Sie steht gerade zwei Tische weiter und räumt auf.

I: Entschuldigung. Wie kommen Sie denn an Tomaten und Gurken um diese Jahreszeit, wenn alles aus dem Königreich stammt?

Sie schmunzelt.

K: Ja, das ist phantastisch, nicht wahr? Eine unserer Gemeinden hat vor zwei Jahren riesige Gewächshäuser gebaut und einen Staatsbetrieb errichtet, der darin alle Arten von Gemüse anbaut.

I: Dann muss das aber beheizt sein, oder? Nicht sehr ökologisch!

K: Warum nicht? Die haben einen großen Raumenergiegenerator, mit dem sie die Gewächshäuser beheizen und beleuchten. Einfach mit freier Energie, ohne Umweltverschmutzung oder Ressourcenverschwendung. Ich finde das sehr ökologisch! Die experimentieren jetzt sogar mit Bäumen. Vielleicht haben wir in ein paar Jahren ja Avocados aus heimischem Anbau.

Freie Energie? Ich glaube, ich habe vergessen, meinen Mund wieder zuzumachen. Jedenfalls schaut die Dame mich sehr belustigt an. Sie kommt zu mir herüber und setzt sich an meinen Tisch.

K: Schon erstaunlich, was alles möglich ist, wenn man die Grund-Spielregeln ändert, nicht wahr?

Sie schaut mich herausfordernd an.

Ich nicke. In der Tat, dieser neue Staat wird immer mysteriöser – oder besser: faszinierender. Jetzt bin ich noch keine zwei Stunden hier und habe schon so viele neue Dinge gesehen und gehört, von denen ich mir nie hätte träumen lassen – und das mitten in Deutschland!

I: Wie wird denn das alles kontrolliert? Ich meine, da kann ja jeder irgendwelche Krönchen ankleben und so tun als ob.

K: Ja, im Prinzip haben Sie Recht. Die Kronen am Schaufenster sind nur Hinweise. Wir haben ja in Wirklichkeit gar nicht überall die grüne Krone – nur bei den frischen Zutaten. Deshalb wird in unserer Speiseliste jedes Gericht individuell gekennzeichnet, mit allen Zutaten, wie ich es Ihnen vorhin gezeigt habe.
Und kontrollieren – ja, das tun wir uns alle selbst und gegenseitig. Ich weiß gar nicht, wie ich Ihnen das erklären soll. Irgendwie herrscht seit dem Wechsel eine ganz andere Stimmung. Kein grundsätzliches Misstrauen, wie ich es noch von früher in Erinnerung habe, sondern Vertrauen. Und das geht einher mit Verantwortung, Fürsorge, Nächstenliebe. Man sorgt sich wirklich um die anderen Menschen und will ihnen Gutes, nicht Schlechtes. Ich käme gar nicht auf die Idee, jemanden übers Ohr hauen zu wollen. Und das geht den meisten so. Wozu auch? Was hätte man davon? Sie sehen ja, wie günstig die Preise so schon sind. Warum sollte man da durch Trickserei noch ein paar Pfennige sparen wollen?
Es herrscht ja auch kein so starker Konkurrenzkampf mehr wie früher. Irgendwie ist alles entspannter geworden. Auch ohne von früh bis spät rackern zu müssen, kommt man gut über die Runden und hat noch einiges extra.

Bei uns wollen sie jetzt die Regelarbeitszeit wieder um eine weitere Stunde reduzieren: nur noch sechs Stunden pro Tag. Mehr braucht man nicht, um seinen Lebensunterhalt zu erarbeiten. Es gibt ja keine Steuern mehr, fast alles ist billiger geworden, auch weil die Zinsbelastungen überall weg sind.

I: Haben Sie dann hier einen Mindestlohn?

K: Nein. Das regelt sich von alleine sehr gut. Natürlich hilft die Gemeinde dabei mit. Die hat soviel Arbeit anzubieten, für die sie 7 Mark pro Stunde bezahlt. Da macht natürlich jeder andere Arbeitgeber mit, sonst laufen ihm die ganzen Arbeitskräfte weg!

I: Und die Gemeinde hat so viel Geld?

K: Jaaaa! Seit dem Wechsel geht es unserer Stadt blendend. Keine Schulden mehr, viel weniger Bürokratie und Verwaltung, deutlich geringere Energiekosten, gute Einnahmen durch die Deutsche Heilfürsorge, die Staatsbetriebe laufen hervorragend, und für alle wertschöpfenden Projekte gibt es Geld von der Reichsbank. Sie sehen ja, wie es überall aussieht!

I: So lange bin ich noch nicht hier. Ich bin eigentlich gerade erst angekommen – und komme aus dem Staunen nicht heraus!

Sie lacht.

K: Ja, das habe ich schon öfters erlebt! Und wetten: Sie wussten bisher noch gar nichts von uns?

I: Ja, stimmt! Unsere Medien berichten überhaupt nichts von Ihnen!

K: Kein Wunder! Die haben Angst, dass noch mehr Städte und Gemeinden wechseln.

I: Gibt es Probleme mit der BRD?

K: Nein, mittlerweile eigentlich nicht mehr. Am Anfang war das ganz anders, vor allem, bevor wir gewechselt sind. Da gab es im ersten Königreich richtiggehende Übergriffe, Razzien mit enormem Polizeiaufgebot. Die BRD-Behörden haben auf breiter Ebene ihr eigenes Recht gebrochen, nur um dem Aufbau zu schaden. Das war schlimm für die damaligen Pioniere. Viele wurden dadurch demoralisiert.

Allerdings muss man sagen, dass noch mehr Menschen dadurch erst motiviert wurden. Sie waren unzufrieden mit dem bestehenden System und sahen, wie die Gesetzesbrüche und -beugungen durch die BRD-Autoritäten immer offener und offensichtlicher wurden. So kam es dann zu Kundgebungen, und schließlich haben unsere Bürger einen Bürgerentscheid erzwungen.

I: Einen Bürgerentscheid?

K: Ja, die Einwohner von Talweis haben in einer großen Unterschriftenaktion den Antrag auf einen Bürgerentscheid durchgesetzt.

I: Was heißt das genau?

Ich will nicht so offen zeigen, dass ich von solchen Dingen noch nichts gehört habe.

K: Naja, ein Bürgerentscheid ist sozusagen eine allgemeine Abstimmung über eine bestimmte Frage. Damit solch eine Abstimmung aber überhaupt durchgeführt wird, muss ein Antrag gestellt werden, den genügend Bürger durch ihre Unterschrift unterstützen.

I: Und worüber sollte die Abstimmung durchgeführt werden?

K: Darüber dass unsere Stadt sich von der Bundesregierung lossagt und sich dem Königreich Deutschland anschließt.

I: Was?

rufe ich erstaunt aus.

I: So etwas geht?

K: Ja,

lacht die Frau zurück.

K: Sie sehen es ja. Bei uns ist es so gegangen.
Fragen Sie mich bitte nicht nach den genauen rechtlichen Hintergründen. Damit habe ich mich nie so wirklich befasst. Jedenfalls

haben wir auf diese Weise beschlossen und dann auch rechtmäßig **i**
durchgesetzt, dass sich unsere Stadt aus der Bundesrepublik gelöst *S. 191*
hat.

I: Na, das ist ja ein Ding. Waren sich da alle so sicher, dass das das
       Richtige war?

K: Alle sicherlich nicht. Der Ausgang war nicht so übermäßig eindeu-
       tig. Ca. 55% haben dafür gestimmt.
       Mir selbst ging es vorwiegend um das Schulsystem. Ich war so
       frustriert wegen meiner Kinder. Zwei waren bereits in der Schule
       und gingen fast kaputt an dem wahnsinnigen Leistungsdruck, den
       vollgestopften Lehrplänen, den überforderten Lehrern, und meine
       dritte sollte bald in die Schule kommen. Ich hatte so gut wie alles
       getan, um eine Alternative zu finden, ich war sogar in einer Eltern-
       initiative, die eine neue Schule mit einem anderen Konzept gründen
       wollte. Aber es gab keine Chance. Die Gesetze und Vorschriften
       waren dermaßen rigide, dass es das Bestmögliche war, eine neue
       Schule zu gründen, die aber letztlich nach denselben Prinzipien
       funktionieren musste wie alle existierenden.

Ich nicke. Ich kann sehr gut nachvollziehen, wovon sie spricht. Unser Schulsystem ist so veraltet und ineffektiv, dass es den Erforder-
nissen unserer Zeit und der Menschen schon seit langem nicht mehr
entspricht. Es ist aus dem Gedankengut der industriellen Revolution
hervorgegangen, wo sich alles um festgesetzte Normen, quantitative
Vorgaben, messbare Effizienz, in Einzelteile zerlegbare oder aus Einzel-
teilen zusammengesetzte Maschinen etc. drehte. Deshalb werden die
Kinder nach Alter in Klassen eingeteilt, nach streng vorgegebenen
Lehrstoffsammlungen in eng definierten Schulstunden unterrichtet, und
das quasi nach militärischem Vorbild, wo sie vorgegebene Antworten
auswendig wiedergeben und sich das eigene Fragen und Hinterfragen
am besten abgewöhnen müssen.

I: Und dazu bot das Königreich bessere Alternativen?

K: Ja, natürlich. Hier steht es ja in der Verfassung, dass die Menschen
       durch die Schule zu selbstbewussten ganzheitlich entwickelten Per-
       sönlichkeiten gemacht werden sollen und dass die Lehrpläne ganz-

heitlich am Leben ausgerichtet werden müssen. Hier wird es vom Staat nicht behindert, sondern gefördert, dass sich neue Schulen – auch mit alternativen Konzepten – gründen.

Deshalb sahen wir mit unserer Elterninitiative damals nur noch eine Möglichkeit, unsere Pläne zu verwirklichen: Wir mussten die herrschende Rechtsordnung und das Regierungssystem verlassen. Alles andere hat mich gar nicht so groß interessiert. Natürlich waren auch wirtschaftliche, soziale und Umweltaspekte ein großes Thema damals. Aber wie gesagt: Mir ging es um das Schulsystem und um meine Kinder.

I: Und haben sich Ihre Hoffnungen erfüllt?

K: Oh ja, mehr als das! Wir konnten sofort nach dem Wechsel eine neue Schule gründen – und das, obwohl wir ein sehr ungewöhnliches, geradezu revolutionäres Konzept umsetzen wollten: das Schetinin-Konzept. Ich weiß nicht, ob Sie davon schon gehört haben.

Sie sieht mich fragend an.

I: Nein, sagt mir in der Tat nichts.

K: Das ist ein Schulkonzept, das in Russland entwickelt worden ist. Im Prinzip gibt es dort keinen Unterricht mehr, wie wir ihn kennen. Die Kinder unterrichten sich selbst nach ihrem eigenen Rhythmus und absolvieren so den gesamten Abitur-Stoff in 2 – 4 Jahren.

I: Wie bitte? 2 – 4 Jahre? Wie soll das denn gehen?

K: Ja, mein Ältester war mit 15 mit dem Abitur fertig. Mein zweiter noch schneller, weil da das System bereits etabliert war.

I: Das ist ja unglaublich. Ich kann mir das absolut nicht vorstellen.

K: Ja, das kann ich verstehen. Man muss sich schon intensiver damit befassen – auch praktisch –, bevor man sieht, wie das möglich ist.

I: Ist das dann nicht ein noch größerer Zeitdruck für die Kinder als in der herkömmlichen Schule?

K: Nein, Zeitdruck gibt es überhaupt nicht mehr. Es gibt ja keinerlei

Vorgaben. Die Kinder sind fertig, wenn sie das Wissen erfasst und erfolgreich umgesetzt haben. Das setzt den Rahmen – für jedes Kind individuell.

I: Und was machen Ihre Kinder dann, wenn sie so früh fertig sind?

K: Mein Ältester hat dann eine handwerkliche Lehre gemacht und studiert jetzt. Mein zweiter geht noch weiter zur Schule. Es gibt jetzt noch weiterführende Schulen, in denen Dinge unterrichtet werden, für die früher niemand Zeit übrig hatte.

I: Was zum Beispiel?

K: Nun, höhere Naturwissenschaften, Kenntnisse und Fertigkeiten in Bezug auf Körper und Geist etc. Alles Mögliche, das auf dem alten Abitur-Wissen vertiefend aufbaut.

Ich bin sprachlos. Mit so etwas habe ich überhaupt nicht gerechnet. Ich kann das alles gar nicht einordnen. Ich kann mir das nicht einmal vorstellen, so dass ich auch keine weiteren Fragen dazu stellen kann.

Irgendwie muss die Dame all das auf meinem Gesicht ablesen können. Jedenfalls schaut sie mich entsprechend an.

Um nicht ganz so unbedarft dazustehen, murmele ich deshalb:

I: Sehr interessant, wirklich sehr interessant!

und knüpfe an meine vorige Frage wieder an:

I: Dann hat es sich für Sie also wirklich gelohnt!

K: Absolut! Und nicht nur in Bezug auf die Schule. Es haben sich ja seit dem Wechsel so viele Dinge verändert, von denen ich damals nie geträumt hätte.
Wissen Sie, natürlich ist es irgendwo klar, dass es wirtschaftlich gut ist, wenn es keine Zinsen und keine Steuern mehr gibt. Aber dass das bis ins ureigenste Lebensgefühl hineingeht, das denkt man eigentlich nicht.

I: Wie meinen Sie das?

K: Naja, in den Jahren seit dem Wechsel ist die Ausgabenlast für jeden einzelnen von uns so stark gesunken, dass wir viel weniger

Zeit für den Lebensunterhalt aufwenden müssen. Wie gesagt wurde die Wochenarbeitszeit in den meisten Bereichen bereits gesenkt. Man kann sich plötzlich wieder mit anderen Dingen beschäftigen, die eigentlich viel interessanter und wichtiger für das Leben sind, die aber früher im Hamsterrad absolut zu kurz kamen.

Mittlerweile ist es so, dass der Lebensunterhalt nicht mehr der wichtigste Punkt im Leben ist, anderes nimmt bei vielen bereits eine mindestens ebenso wichtige Stellung ein.

I: Was zum Beispiel?

K: Familie, Bildung, Kunst und Musik, das Gemeinwohl. Schauen Sie sich doch bei uns einmal um in der Stadt. Da gibt es keine Dreck- oder Schandflecken mehr. Es gibt in den Städten Initiativen von Anwohnern, die gemeinsam ihr Lebensumfeld schön erhalten und verschönern. Einfach so, freiwillig, ehrenamtlich, ohne Geld, ohne Auftrag, ohne Stress. Das macht richtig Spaß, bringt alle näher zueinander und erfüllt mit Stolz, wenn man durch die Stadt geht und sich einfach freut, wie schön und sauber alles ist. Früher hatte ich dieses Gefühl nie. Aber da hatte ich vor lauter Stress auch keine Zeit, mir über solche Sachen Gedanken zu machen.

Sie wirft einen Blick auf die Uhr.

K: Oh, jetzt habe ich sie aber zugetextet,

sagt sie erschrocken.

K: Das wollte ich eigentlich gar nicht,

fügt sie fast entschuldigend hinzu.

I: Nein, nein. Das war sehr interessant. Ich habe eine Menge Denkanstöße bekommen. Vielen Dank dafür.

K: Das freut mich. Jetzt muss ich noch ein bisschen in der Küche aufräumen. Ihnen noch einen guten Appetit.

Mit diesen Worten erhebt sie sich und eilt geschäftig davon.

Ich sitze noch eine ganze Weile wie benommen da. Ich habe sogar völlig vergessen, dass ich am Essen bin. Was ich da in dieser kurzen Unterhaltung erfahren habe, ist unglaublicher und schockierender als die Tatsache, dass es einen neuen Staat in Deutschland gibt, der ein Königreich ist und eine eigene Währung hat. Denn hier geht es nicht um äußerliche oder organisatorische Dinge, sondern um ganz fundamentale Lebensaspekte: eine stressfreie Gemeinschaft mit immer weniger Arbeitsdruck für die materiellen Notwendigkeiten des Lebens und immer mehr Zeit für sich selbst und für das Gemeinwohl, dazu ein Schulsystem ohne Druck, in dem die Kinder in wenigen Jahren mit dem Abitur fertig sind und dann in noch viel tiefere Bereiche einsteigen können.

Das sind Dinge, die man nicht einfach so per Knopfdruck ändern kann. Eine neue Währung ist schnell gemacht, aber den Menschen die Angst, den Druck und das Konkurrenzdenken aus dem Bewusstsein zu nehmen, das habe ich bisher für fast nicht mehr möglich gehalten. Und hier war es geschehen! In gerade einmal fünf Jahren! Und ohne revolutionäre Umwälzungen! Die Stadt sieht ja nicht grundlegend anders aus als andere Städte in Deutschland, die Menschen auch nicht. Erst beim näheren Hinsehen sieht man die Unterschiede, auch wenn man mit den Leuten spricht. Aber ich habe eine Ahnung bekommen, was man feststellen würde, wenn man in die Herzen der Menschen blicken könnte.

Und was sich in den kommenden Jahren noch weiter daraus entwickeln wird, das lässt sich noch gar nicht erahnen. Es ist fantastisch, ungeheuerlich und eigentlich noch viel revolutionärer, als wenn alle Gebäude auf den Kopf gestellt worden wären.

Draußen läuft ein Kind vorbei und winkt mir durch die Scheibe zu. Es lächelt, und seine Mutter, die seinem Blick folgt, lächelt mir ebenfalls zu. Ich lächele zurück. Sind die Menschen hier nicht insgesamt freundlicher, gelassener? Ich schaue in alle Richtungen auf der Straße, und ich besinne mich zurück zu meinem Hotel und weiter zurück bis zum Bahnhof, als ich ausstieg. Ich kann mich an kein Gesicht erinnern, das nicht irgendwie Harmonie und Freude ausstrahlte ...

Aber Quatsch! Das ist jetzt eine schwärmerische Idealisierung. So genau kann ich mich doch gar nicht erinnern, und dann kann das ja auch purer Zufall sein. An einem solchen schönen sonnigen Mainachmittag sind doch alle Menschen besser drauf ...

Ich hole mich in die Realität zurück, sehe, dass ich meinen Salat noch gar nicht aufgegessen habe, und beeile mich, das nachzuholen. Ich sollte jetzt nichts idealisieren, sondern eher noch kritischer sein. Ich weiß ja noch viel zu wenig von der ganzen Sache und habe auch nur mit ein paar Leuten gesprochen. Aber Fragen habe ich mittlerweile ohne Ende.

Mal sehen, wie ich die noch alle beantwortet bekommen kann.

Als ich fertig bin, erhebe ich mich, stelle meinen Teller in das Rückgaberegal und verlasse das Restaurant. Die Kassiererin ist nicht mehr zu sehen.

Draußen trete ich in die tief stehende Sonne. Sie blendet mich und taucht alles in ihren orangeroten Schein. Nach wie vor herrscht reges Treiben auf der Straße. Ich schlendere ein bisschen an den Ständen und Läden vorbei und betrachte die Angebote. Wirklich spektakuläre Unterschiede kann ich nicht bemerken.

Dann komme ich zu einem Zeitschriften- und Bücherladen. Das interessiert mich nun sehr und so gehe ich hinein. In der großen Auslage an der Wand sehe ich die bekannten Zeitungen und Zeitschriften, aber noch einige mehr, die ich noch nie gesehen habe. Die Schlagzeilen darauf überraschen mich, sie weichen deutlich von denen der anderen Zeitungen ab. Ich bin es gewohnt, dass man nur zwei oder drei Zeitungen anschauen muss, um zu wissen, was in allen steht. Schon seit Jahren ist die Berichterstattung in den Medien immer mehr gleichgeschaltet. Irgendwie scheinen alle ihre Informationen aus derselben Quelle zu beziehen und sie auch von dort gleich Wort für Wort zu übernehmen, so dass sich die Artikel oder Fernseh- und Radioberichte beinahe wortwörtlich gleichen.

Hier aber finde ich ganz andere Berichte, zum Teil über andere Themen, zum Teil aber auch von gegensätzlicher Meinung. Eine Zeitung fällt mir dabei besonders ins Auge: *Die schöne Welt*, Untertitel: *Gute Nachrichten des Tages*. Darin stehen tatsächlich nur positive Meldungen, und durchaus keine banalen. Wirtschaft, Politik, Gesundheit, Deutschland, international, alles ist vertreten, aber immer durch eine positive Brille. Interessanter Ansatz – habe ich bisher noch nicht gesehen.

Das alles will ich mir näher ansehen, und so kaufe ich einen ganzen Stapel Zeitungen, um sie später in Ruhe studieren zu können. Auf dem Weg zur Kasse fällt mein Blick dann noch auf eine merkwürdige Zeitschrift. Sie hat ein „?" als Titel. Ich nehme sie und blätterte ein bisschen darin herum. Ihr Credo ist „Mut zur Frage". Sie wendet sich gegen die landläufige Gepflogenheit von Journalisten, immer nur fertige, vollständige Antworten zu präsentieren, auch wenn die vielleicht noch gar nicht gesichert sind. Der Hauptbeitrag geht über die Ukraine und stellt sehr kontrovers die verschiedenen Sichtweisen und Standpunkte dar, ohne den einen oder anderen von vornherein zu bevorzugen. Nachdem ich den Artikel überflogen habe, kann ich zumindest nicht sagen, welche Meinung der Autor favorisiert. Das finde ich spannend. Ausgewogener, kritischer Journalismus ist in den letzten Jahren Mangelware geworden. So lege ich die Zeitschrift auch noch auf meinen Stapel und gehe jetzt zur Kasse. Mir fällt auf, dass die Zeitungen, die ich kaufe, fast alle ca. 25% billiger sind als vergleichbare, die ich kenne. Ob hier durch den Preis eine Selektierung bewirkt werden soll?

Ich spreche den Mann an der Kasse auf die Preisunterschiede an, er antwortet aber nur lapidar:

MK: Naja, ist doch klar! Die kommen fast alle aus dem Königreich – steuerfrei und mit Papier aus den eigenen Staatswäldern.

I: Also wird hier nicht versucht, eine bestimmte Darstellung bevorzugt unters Volk zu bringen?

MK: Doch, selbstverständlich: die Wahrheit! Das ist ja die verfassungsmäßige Pflicht der Presse.

I: Und wer kontrolliert das?

MK: Alle. Auch die Presse selbst. Haben Sie nicht heute die Tageszeitung gelesen? Ach so, Sie sind ja nicht von hier. Schauen Sie mal.

Mit diesen Worten zieht er eine schon etwas zerlesene Zeitung unter seinem Tisch hervor. Auf der ersten Seite prangt in großen Lettern eine Richtigstellung. Ich bin verblüfft.

MK: Da hat letzte Woche in der Stadtratssitzung jemand die Bürgermeisterin heftig angegriffen, wegen irgendwelchen wirtschaftlichen Transaktionen. Das tut jetzt nichts zur Sache. Jedenfalls wurde dieser Mann am nächsten Tag von dieser Zeitung übel zerpflückt. Die haben Sachen berichtet, was der schon alles gemacht hat ... Der war mit seiner Glaubwürdigkeit am Boden. Naja, und der konnte jetzt offensichtlich nachweisen, dass das alles gar nicht stimmte – Verwechslungen, Fehlinterpretationen, haste nicht gesehen. Deshalb bringt die Zeitung heute eine ausführliche Richtigstellung – im selben Umfang und Format wie der ursprüngliche Artikel – so wie es die Verfassung vorschreibt. Und glauben Sie nicht, dass die Bürgermeisterin besonders froh darüber ist. Jetzt muss sie sich ernsthaft diesen Vorwürfen stellen!

I: Passiert so etwas öfter?

MK: Naja, was heißt öfter? Normalerweise achten die Zeitungen schon
        darauf, dass alles seine Richtigkeit hat. Aber ab und an kommen
        schon solche Richtigstellungen. Das macht die Sache immer sehr
        interessant.

Er schmunzelt.
Ich bedanke mich und verlasse das Geschäft. Wieder packt mich ein
Kribbeln. Das kann doch kaum wahr sein. Seit Jahren rege ich mich
über die fast schon gleichgeschaltete Presse auf, wo man mühevoll im
Internet recherchieren muss, um überhaupt mal eine andere Meinung
zu sehen, und hier – mitten in Deutschland – wird echter ehrlicher Journalismus par excellence gelebt ... Unglaublich!
Auf der Straße sind jetzt nicht mehr so viele Leute. Es beginnt auch
schon ein wenig zu dämmern. Ich blicke auf die Uhr und stelle fest, dass
es nicht mehr lange bis zu dem Vortrag und meiner Verabredung mit
Norbert ist.
Wo ist das gleich noch mal? Ach ja, in die andere Richtung. Da komme
ich auch noch einmal an meinem Hotel vorbei. So kann ich den Stapel
Zeitungen in meinem Zimmer lassen und gleichzeitig noch etwas drüber
anziehen. Es beginnt doch, etwas frisch zu werden.
Ich eile zu meinem Hotel und dann weiter, wie Norbert es mir beschrieben hat. Als ich in die angegebene Straße biege, sehe ich eine
beachtliche Menschenmenge, die dem Eingang eines altehrwürdigen
Gebäudes zustrebt. Es mag wohl aus der Gründerzeit sein, und auf einer
Plakette neben dem Eingang steht: *Gemeinwohl-Akademie für Wissen, Weisheit und Selbstentfaltung.*
Ich gehe hinein, bezahle den Eintrittspreis und folge dann den anderen Leuten in den ersten Stock zum Vortragssaal, der tatsächlich schon
fast voll ist.
Jetzt muss ich Norbert finden. Er will mir ja einen Platz frei halten, aber
er hat nicht gesagt wo. Ich suche mit den Augen Reihe für Reihe ab,
kann ihn aber nicht entdecken. Vielleicht ist er noch gar nicht da? Wie
auch immer, irgendwo muss ich mir jetzt einen Sitzplatz ergattern, solange noch welche frei sind. Langsam schiebe ich mich durch eine Reihe
und dann die Treppe hinunter. Da erblicke ich Norbert plötzlich – am
Rednerpult! Na das ist ja ein Ding! Ist er etwa der Vortragende? Ich gehe
ganz nach unten auf ihn zu. Er sieht mich und kommt zu mir herüber.

N: Hallo, da sind Sie ja! Ich dachte schon, Sie hätten es sich anders überlegt.

I: I wo! Aber wenn ich gewusst hätte, dass Sie den Vortrag halten, ...

N: Nein, nein,

Norbert winkt ab.

N: Ich mache nur die Einleitung. Aber jetzt müssen Sie sich schnell setzen. Es geht gleich los. Da drüben, sehen Sie die zwei freien Plätze? Neben dem Herrn mit dem Schnurrbart und dem jungen Mann mit den blonden langen Haaren. Dort können Sie sich setzen. Ich komme dann auch in ein paar Minuten.

Ich habe die Plätze schnell gefunden – natürlich in der ersten Reihe! Ich erkläre dem Herrn und dem jungen Mann, dass einer der Plätze für mich reserviert sei.
Der Mann gibt mir die Hand, und der junge Mann sagt:

JM: Ja, ja, ich weiß Bescheid. Norbert hat mich schon informiert. Guten Abend, ich bin Joachim.

I: Ich bin Thomas.

Schnell setze ich mich, gespannt, wie es nun weitergehen wird.
Nach ein paar Minuten ertönt ein dunkler Gong. Dann tritt Norbert ans Mikrophon und hält eine kleine Eröffnungsansprache in seiner Eigenschaft als – Direktor der Akademie! Wow! So ist das also!
Wie er sagt, findet regelmäßig einmal im Monat ein solcher Vortrag eines Gastwissenschaftlers statt, heute ein Monsieur T. aus Frankreich mit Simultanübersetzung. Thema: *War die Geschichte unserer Erde und unseres Sonnensystems ganz anders, als wir dachten?*
Der Herr neben mir und Joachim erheben sich und gehen nach vorne, wo sie den Platz am Rednerpult von Norbert übernehmen. Dieser kommt stattdessen zu mir und setzt sich neben mich.
So beginnt der Vortrag. Der Herr mit dem Schnurrbart ist also Monsieur T., ein Geologe aus Paris. Er mag Ende Vierzig sein. Joachim übersetzt seinen Vortrag ins Deutsche, was er ausgezeichnet macht, obwohl er meiner Schätzung nach noch nicht einmal 18 ist.

Die Hauptthese des Vortrags besteht darin, dass die Erde sich nicht über endlose Zeiträume hinweg durch winzig kleine Veränderungen zum heutigen Zustand entwickelt hat, sondern dass es eine Reihe von katastrophischen Wechselwirkungen mit anderen Körpern des Sonnensystems gab, die in kürzester Zeit die geologischen Veränderungen verursachten: Meteoriteneinschläge, Beinahe-Kollisionen oder Nahbegegnungen mit anderen Planeten, elektrische Blitzentladungen zwischen den Planeten. Diese Vorgänge gestalteten die Erdoberfläche, erzeugten Gebirge, verschoben die Kontinente, ja kippten sogar die Erdachse.

Das alles erklärt er sehr anschaulich und verständlich mit gutem Bildmaterial, ein gelungener, kurzweiliger Vortrag.

Dann kommt der zweite Teil des Abends, die Diskussion. Hier darf jeder Fragen stellen, bzw. Diskussionsbeiträge beisteuern. Norbert geht dazu wieder nach vorne. Er moderiert diesen Teil.

Es gibt viele Fragen und Beiträge der verschiedensten Art – wissenschaftliche und banale, Verständnisfragen und Gegenargumente. Ich bin wirklich überrascht, wie rege die Beteiligung ist. Am meisten aber überrascht mich die Sprachfertigkeit von Joachim, die jetzt erst richtig zum Einsatz kommt, da er ständig in beide Richtungen hin und her übersetzen muss.

Nach einiger Zeit meldet sich ein Junge von vielleicht 13 oder 14 Jahren zu Wort:

J: Sie hatten erwähnt, dass das letzte extraterrestrische Ereignis, das für die Geologie der Erde wichtig war, ein Meteoriteneinschlag war, der vor ca. 10.000 Jahren stattfand. Wie kommen Sie auf diese Zahl?

T: Durch Eisbohrkerne.

J: Können Sie das bitte näher erklären?

T: Das ist eigentlich nicht das Thema des heutigen Abends.

Jetzt schaltet sich Norbert ein:

N: Entschuldigung, Monsieur T. Ich hatte Ihnen ja im Vorfeld das Grundprinzip unserer Akademie erklärt: Jede einzelne Feststellung, Aussage, Theorie oder Erkenntnis wird auf ihre Grundlagen hin überprüft, und diese wieder auf deren Grundlagen, bis wir bei nicht

weiter zu begründenden Grundfakten oder -annahmen ankommen. Erst wenn diese Kette lückenlos überprüft und verifiziert ist, betrachten wir die Aussage oder Erkenntnis als gültig.
Deshalb ist es für uns hier wichtig, solche Fragen nach den Grundlagen gewissenhaft zu beantworten.

Joachim übersetzt, und Monsieur T. fährt daraufhin fort:

T: Ja, Entschuldigung, ich hatte vergessen. Das ist sonst nicht üblich, deshalb bin ich es nicht gewohnt.
Also für einen Eisbohrkern macht man eine Hohlkernbohrung im Eisschild z.B. von Grönland oder der Antarktis und untersucht den so gewonnenen Bohrkern. Da man weiß, wie viel Schnee pro Jahr fällt und wie sich diese Schneemenge im Eis unter Druck verdichtet, braucht man nur abzumessen, wie tief ein bestimmtes Ereignis liegt und kann das dann in Jahre umrechnen.

J: Ist es richtig, dass dafür die Voraussetzung ist, dass jedes Jahr die gleiche Menge Schnee fällt?

T: Es muss nicht genau die gleiche Menge sein, aber eine annähernde Gleichförmigkeit ist schon vorauszusetzen.

J: Wie verändert sich die Niederschlagsmenge nach dem Einschlag eines großen Meteoriten?

T: Das hängt von vielen Einzelheiten ab. Aber bei großen Meteoriteneinschlägen, vor allem, wenn sie ins Meer stürzen, schätzt man Niederschläge von 5 bis 10m Regen pro Tag, für mehrere Wochen.

J: Das heißt in den kalten Regionen 50 bis 100m Schneefall pro Tag?

T: Ja, das kann stimmen.

J: Aber dann sind doch die Eisbohrkerne wertlos. Wenn an einem Tag so viel Schnee fällt wie sonst in einem ganzen Jahr, hat man doch keine Möglichkeit mehr, den Meteoriteneinschlag zu datieren.

Monsieur T. schaut den Jungen wortlos an.
Endlich scheint er sich wieder zu besinnen und sagt mit einem merkwürdigen Lächeln:

T: Jetzt weiß ich, warum mich einige Kollegen vor der Akademie gewarnt haben. Ich kann diese Frage tatsächlich nicht beantworten. Ich selbst mache ja keine Eisbohrkernanalysen. Ich muss mit einem Kollegen sprechen, der darauf spezialisiert ist, und fragen, ob sie diese Dinge irgendwie berücksichtigen. Aber ehrlich gesagt, bezweifle ich das sehr. Es kann also sehr wohl sein, dass die ganzen Ereignisse, von denen ich gesprochen habe, viel näher an der Jetzt-Zeit stattgefunden haben.

Der Junge bedankt sich und setzt sich wieder.
Die Diskussion geht noch fast eine Stunde weiter. Das Ganze ist gut gemacht, kurzweilig und abwechslungsreich. Monsieur T. hat manchmal wirklich keinen leichten Stand. Es kommen auch Fragen, die gar nicht in seinem Fachgebiet liegen. So fragt eine Dame:

DA: Katastrophen werden ja oft aus einer moralischen oder karmischen Sichtweise heraus beurteilt, d.h. sie stellen eine Sühne oder Strafe für Vergehen dar. Haben Sie die von Ihnen untersuchten Katastrophen und vor allem ihre zeitliche Einordnung einmal in dieser Hinsicht untersucht?

T: Diese Beurteilung ist ja nur für Vorgänge relevant, die im Zusammenhang mit Menschen geschehen. Für alle Vorgänge, bei denen noch keine Menschen oder keine menschliche Kultur existierten, ist diese Frage ohne Bedeutung.

An dieser Stelle meldet sich der Junge von vorhin noch einmal zu Wort und wird von Norbert auch gleich aufgerufen.

J: Bei einer veränderten zeitlichen Einordnung könnte das aber doch ganz anders aussehen. Vielleicht waren doch schon Menschen dabei, als die Kontinente sich trennten oder die Gebirge sich erhoben.

T: Ja, das ist allerdings nicht von der Hand zu weisen. Wie ich vorhin aber bereits sagte, habe ich in dieser Richtung bisher keine Untersuchungen angestellt.

Eine andere Frage kommt von einem älteren Herrn:

H: Wenn es so war, dass andere Planeten geologische Veränderungen auf der Erde hervorgerufen haben, dann müssten im Gegenzug doch auch Spuren auf diesen Planeten zu finden sein.

T: Ja, das ist ein sehr interessanter Punkt, mit dem wir uns erst seit kurzem auseinandersetzen. Erste Indizien weisen darauf hin, dass die extremen Oberflächenstrukturen auf dem Mars durch elektrische Entladungsvorgänge zwischen den Planeten erzeugt worden sind.
Auch der Erdenmond wurde wohl von Nahbegegnungen mit anderen Planeten mit betroffen. Dabei wurde er wahrscheinlich mindestens einmal so stark erhitzt, dass sein Oberfläche sich verflüssigte und blubberte. Die Überreste der Blubberblasen sind die großen Maria oder Meere, die bisher für Krater gehalten wurden, aber eigentlich nicht die typischen Kratermerkmale aufweisen.
Dies ist jedoch ein abweichendes Thema, das Stoff für einen ganzen Abend liefern würde.

Schließlich beendet Norbert die Fragestunde, bedankt sich bei allen Anwesenden und Mitwirkenden, kündigt die nächste Veranstaltung in 4 Wochen an und beschließt den Abend.
Es folgt ein lang anhaltender Applaus und dann löst sich die Versammlung auf.
Ich stehe auf und gehe zu den dreien hinunter. Norbert beglückwünscht Monsieur T. und Joachim. Als er mich sieht, wendet er sich zu mir und sagt:

N: Ah, Thomas. Wir würden noch etwas trinken gehen. Wollen Sie mitkommen?

I: Ja, gerne.

Ich schließe mich ihnen an, und gemeinsam bahnen wir uns langsam unseren Weg hinaus ins Freie. Norbert führt uns zielstrebig zu einer kleinen Kneipe in der Nähe, wo wir uns an einen Ecktisch setzen und uns etwas zum Trinken bestellen.

I: Herzlichen Glückwunsch,

beginne ich die Unterhaltung.

I: Das war wirklich ein gelungener Abend – und sehr gut besucht für einen wissenschaftlichen Vortrag!

N: Das ist nichts Außergewöhnliches. Seit wir mit diesen Abenden angefangen haben, erfreuen sie sich großer Beliebtheit. Das hat man ja auch an der lebendigen Diskussionsrunde gesehen.

I: Laden Sie da immer bestimmte Leute ein?

N: Eigentlich ist das ja Teil des Akademie-Programms, und so hat das auch alles begonnen. In der Akademie laden wir jeden Monat einen Spezialisten für eine Woche zu uns ein. Er steht unseren Schülern und Studenten zur Verfügung, um Spezialfragen zu klären, die bei der Wissensaufarbeitung oder Lehrplangestaltung aufgekommen sind.
Außerdem hält er einen öffentlichen Vortrag für die Allgemeinheit – so wie heute Abend. Dann hält er in der Akademie noch einen spezialisierten Fachvortrag, ebenfalls mit ausführlicher Diskussionsrunde, und schließlich nimmt er an einem Treffen unserer „Pioniere" teil. Das ist eine kleine geschlossene Gruppe, die sich mit besonderen Wissensinhalten befasst – und das unter Ausschluss jeglicher Öffentlichkeit.

I: Also eine Art Geheimgesellschaft?

N: Ja, so könnte man sagen. Wir haben einfach festgestellt, dass nicht alles Wissen oder alle Forschung für die Öffentlichkeit geeignet ist. Bei vielem besteht die Gefahr, dass es nicht verstanden oder missverstanden oder falsch interpretiert oder falsch angewendet wird. Da ist es besser, man behält es zunächst in einem kleinen Kreis von Menschen mit ähnlicher Gesinnung und ähnlichem Bewusstsein.

Ich wende mich an Monsieur T.

I: Da haben Sie also noch viel mehr in petto als das, was Sie heute Abend erzählt haben?

Joachim übersetzt.

T: Ja selbstverständlich. Das Publikum kann ja vieles gar nicht verstehen. Und jeder Wissenschaftlicher hat auch Gedanken und Überlegungen, die er nie öffentlich sagen würde, über die er aber doch gerne einmal mit anderen Fachleuten sprechen würde.

Dann frage ich Joachim:

I: Und woher können Sie eigentlich so gut Französisch. Das war ja wirklich perfekt. Sind Sie Franzose?

JM: Nein, aber ich bin knapp zwei Jahre lang in Frankreich zur Schule gegangen.

N: Joachim war mit 14 mit dem Abitur fertig und ging dann nach Frankreich. Wir haben einige Schüler, die ihr frühes Abitur nutzen, um danach im Ausland eine Fremdsprache zu perfektionieren. Sie sind dann zwar schon fertig, gehen aber doch noch einmal in die Schule, aber nur der Sprache und der Kontakte wegen.

I: Ich bin wirklich beeindruckt. Genauso hat mich der junge Mann beeindruckt, der die Frage mit den Eisbohrkernen gestellt hat.

N: Ja, der hat gleich nach dem Abitur angefangen, an der Akademie zu studieren. Er ist jetzt dann mit dem Grundstudium fertig und will wohl in Richtung Geologie – Paläontologie gehen.

I: Der ist aber doch nicht älter als 15, oder?

N: Ja, richtig, er ist 14.

I: Wie lange dauert denn das Grundstudium?

N: Zwei Jahre

I: Dann war er mit 12 mit dem Abitur fertig? Ein Wunderkind, oder?

N: Das ist nicht so ungewöhnlich, wie es erscheint, wenn man von außen kommt. Bei uns kann man theoretisch das gesamte Abiturwissen in einem Jahr bewältigen. Das ist allerdings die Ausnahme. 2 – 4 Jahre sind aber durchaus die Regel.

I: Und wie machen Sie das?

N: Das kann man in wenigen Worten gar nicht erklären. Letztlich muss man es selbst erleben. Denn wenn man durch das klassische Schulsystem gegangen ist, ist man ja davon geprägt.

Das Entscheidende ist, dass die Kinder sich das Wissen spielerisch selbst erarbeiten bzw. gegenseitig vermitteln. Sie organisieren ihren Tag selbst, überarbeiten ständig selbst den gesamten Lehrplan und bereiten das Wissen für die nachfolgende Generation auf.

Das alles geschieht so freudvoll und motivierend, dass die Kinder alles wie ein Schwamm in sich aufsaugen, so wie sie Ihnen eine spannende Gute-Nacht-Geschichte noch Wochen später wieder erzählen können.

I: Sie sind nach diesem System zur Schule gegangen?

frage ich Joachim.

I: Wie empfanden Sie den Unterschied ... ? Aber Sie können es ja mit dem alten gar nicht vergleichen.

JM: Doch, kann ich schon. Ich war ja zwei Jahre lang in Frankreich in der Schule, und das ist ja dort das herkömmliche System.

I: Und wie war das für Sie?

JM: Lustig. Ich meine, ich wusste ja im Wesentlichen schon alles. Aber ich habe mich oft gefragt, wie die anderen das verstehen, bzw. sie haben es ja oft nicht verstanden, was für mich kein Wunder war. Denn dieser langweilige, oft zusammenhanglose Frontalunterricht und diese ständigen Unterbrechungen! Kaum hat man sich in ein Thema hineingedacht, ist die Stunde zu Ende und man beginnt mit einem neuen Fach. Besser kann man nicht für Verwirrung sorgen!

I: Ach, hier ist das nicht so?

JM: Nein! Wir beschäftigen uns mit nur einem Fach, solange bis wir durch sind, und dann kommt das nächste.

I: Was heißt, bis Sie durch sind?

JM: Wir beginnen jedes Fach beim Ursprung und behandeln dann den Stoff bis zum Abitur. Wenn wir dort angelangt sind, beginnen wir dasselbe beim nächsten Fach, und so alle Fächer der Reihe nach, so wie sie aufeinander aufbauen.

I: Und wenn Sie etwas nicht verstehen?

JM: Wir bekommen das ja nicht einfach so vorgesetzt wie im alten System. Sondern wir bekommen es in unseren Gruppen präsentiert und erarbeiten es uns danach noch selbständig.
Außerdem werden die Zyklen immer wieder wiederholt. Wenn man beim ersten Mal irgendwo hängen geblieben ist, dann kann man dort beim zweiten Mal anknüpfen. So kapiert es jeder früher oder später.

I: Ach so! So kommt es, dass der eine mit 12 fertig ist und der andere erst mit 14 usw.?

JM: Genau.

I: Und wie werden Sie geprüft?

JM: Gar nicht. Bei uns gibt es keine Prüfungen und Benotungen. Dadurch dass jeder nicht nur Schüler, sondern auch Lehrer für die Jüngeren ist, stellt sich jeden Tag heraus, wo man noch Lücken hat. Und spätestens wenn man in der Lehrplankommission sitzt, werden alle Lücken gestopft.

I: Und was machen dann die Lehrer überhaupt noch?

wende ich mich an Norbert.

N: Die Lehrer sind die Schüler selbst. Die Erwachsenen sind nur Lernbegleiter, die zur Verfügung stehen, wenn es Fragen gibt, bzw. die den gesamten Prozess überwachen, damit alles reibungslos läuft. Ach, wer ist denn da?

ruft er da plötzlich laut in Richtung Eingang.

Ein großgewachsener, stämmiger Mann von Mitte 30, der gerade eingetreten ist, wendet sich zu uns um und kommt mit einem breiten Grinsen auf uns zu.

N: Hallo Dieter! Lange nicht gesehen!

D: Hallo Norbert. Hallo zusammen,

fügt er an uns gerichtet hinzu.

D: Na, heute war ja wieder Dein großer Abend. Ich konnte leider nicht kommen. War es gut?

Wir nicken alle gleichzeitig.

N: Ja, es war super. Du hast etwas verpasst.
Aber komm, setz' Dich doch! Oder bist Du verabredet?

D: In gewisser Weise schon, aber erst in einer halben Stunde.

N: Darf ich vorstellen: Unser Vortragsgast, Monsieur T. aus Frankreich, Joachim kennst du ja, und das hier ist Thomas. Er schaut sich mal für ein paar Tage im Königreich um.

D: Freut mich sehr.

Er setzt sich, bestellt sich etwas zu trinken und wendet sich dann gleich an mich:

D: Wie lange sind Sie schon hier?

T: Ich bin erst heute angekommen.

D: Na, das ist ja nicht lang. Da haben Sie wohl noch nicht viel gesehen?

T: Es geht. Aber das, was ich gesehen und gehört habe, muss ich erst mal noch verdauen. Ich weiß schon gar nicht mehr, ob ich wache oder träume,

sage ich lachend.

D: Ja,

lacht er zurück.

D: Das glaube ich wohl. Ich bin ja auch noch nicht so lange hier, und mir ging es am Anfang ganz genau so.

T: Aha! Wie lange sind Sie schon hier?

D: Vor zwei Jahren bin ich endgültig hierher gezogen. Dann habe ich meine Firma gegründet.

T: Was machen Sie, wenn ich fragen darf?

D: Ich bin Schreinermeister und habe eine Werkstatt für Möbel und Innenausbau.

T: Interessant. Und läuft das gut?

D: Sehr gut. Ich bin sehr zufrieden.
Und Sie? Wofür interessieren Sie sich vor allem?

T: Eigentlich für alles. Ich habe ja heute erst erfahren, dass es das Königreich überhaupt gibt.

D: Und da sind Sie sofort hier her gekommen? Das nenne ich konsequent.

T: Ja, Norbert hat mich eingeladen, und so bin ich jetzt hier!

D: Mit Norbert haben Sie den besten Führer. Der kann Ihnen alles so gut erklären wie sonst keiner!

N: Na na na,

wirft Norbert ein.

N: Aber sag mal, bist Du morgen da?

D: Zur Stadtratsversammlung? Na klar doch. Du etwa nicht?

N: Doch doch. Ich meinte nur, weil Du letztes Mal nicht da warst.

D: Ja, da war ich doch unterwegs. Wie geht's denn Sabine?

N: Gut, alles in bester Ordnung.

D: Das höre ich gern. Aber ich glaube, ich muss jetzt los. Hat mich gefreut, Sie kennen zu lernen. Einen schönen Abend noch.

Er schüttelt uns allen die Hände.
Als ich an der Reihe bin, sagt er:

D: Wenn Sie Interesse haben, Sie können ja mal meinen Betrieb besuchen kommen.

I: Gerne, aber ich fahre am Sonntag schon wieder.

D: Überlegen Sie es sich. Norbert kann Ihnen sagen, wo wir sind. Also dann!

Er hebt die Hand zum Gruß und geht.

N: Ja, das wäre wirklich interessant. Ein wunderschöner Betrieb, wie aus dem Bilderbuch.
      Aber ich muss jetzt dann auch los. Meine Frau wartet auf mich. Hätten Sie Lust, am Sonntag zum Kaffee zu uns zu kommen?

I: Sehr gerne. Aber was mich auch noch interessieren würde, ist die Stadtratssitzung, von der Sie gesprochen haben. Ist die öffentlich?

N: Na selbstverständlich, das ist von der Verfassung so vorgeschrieben. Morgen 15 Uhr im Rathaus, ist ganz einfach zu finden.

Mit diesen Worten steht er auf.

N: Ich wünsche noch einen schönen Abend. Die Getränke gehen auf mich.

Er verabschiedet sich und geht zum Bezahlen.
Wir übrigen drei stehen ebenfalls auf. Ich werde so langsam müde. Kein Wunder, bei der Fülle von Eindrücken heute. So verabschiede ich mich von den anderen und verlasse das Lokal.
Draußen ist es dunkel und ruhig. Ich genieße die frische Luft und gehe langsam zu meinem Hotel zurück. In meinem Zimmer ist es so still, dass ich förmlich hören kann, wie meine Gedanken dahin fliegen. Als ich mich nach der Abendtoilette ins Bett legen will, entdecke ich eine Karte auf dem Kopfkissen, auf der steht: „Dinkelspelz – nur das Beste für Ihren Kopf!" Darunter folgt eine kurze Anleitung, wie man es am besten handhabt.
Ich strecke mich bequem aus, bette meinen Kopf wie empfohlen und bemerke sogleich, wie angenehm meine ganze Wirbelsäule gedehnt wird. Die Matratze ist also sicherlich auch etwas Besonderes. Aber nach diesem Tag erstaunt mich das alles nicht mehr.
Ich lasse noch eine Weile Revue passieren, was ich heute alles erlebt und erfahren habe, und schlafe dann ein.

Als ich wieder erwache, ist es schon heller Vormittag. Ich fühle mich so erfrischt und ausgeschlafen wie schon lange nicht mehr. Schnell springe ich unter die Dusche und gehe dann hinunter zum Frühstück. Die anderen Gäste sind wohl alle schon weg, oder ich bin der einzige. Jedenfalls kann ich mich alleine am Buffet bedienen.

Heute will ich die Stadt etwas eingehender erkunden, auch etwas weiter vom Zentrum weg. So mache ich mich auf und marschiere nach Herzens Lust auf großen und kleinen Straßen, Nebenstraßen, Fußwegen, durch Geschäftsviertel, Wohngebiete, Gartenkolonien. Das Wetter ist schön, und es tut mir gut, so an der frischen Luft zu sein.

Vom baulichen Erscheinungsbild her macht die Stadt keinen wesentlich anderen Eindruck auf mich als jede andere deutsche Kleinstadt. Das einzige nicht so Gewöhnliche ist ein zwar schlichter, aber doch augenfälliger Bau am Rand der Innenstadt. Es ist zwar offensichtlich ein Neubau, er vereinigt aber ältere architektonische Stilrichtungen in sich. Ich kann das Ganze nicht richtig einordnen. Als ich näher herangehe, sehe ich auf einem Schild, dass es eine Synagoge ist. Es ist alles ruhig, niemand ist zu sehen. Doch die vielen Autos auf dem Parkplatz deuten an, dass wohl gerade der Sabbatgottesdienst stattfindet.

Das Straßenbild ist aber auf subtile Weise doch etwas anders. Nachdem ich einige Straßenzüge durchstreift habe, wird mir z.B. bewusst, dass ich keine Banken gesehen habe, auch nur eine Apotheke. Das ist schon bemerkenswert, denn sonst gehört das zum normalen Erscheinungsbild. In anderen Städten gibt es ja so viele Apotheken, dass ich mich schon öfters gefragte habe, ob die wirklich alle genügend Umsatz machen. Ist das hier Zufall? Oder gibt es im Königreich tatsächlich weniger Apotheken? Wieder eine Frage mehr, auf die ich noch eine Antwort suchen sollte.

In Bezug auf die Banken habe ich ja schon erfahren, dass es tatsächlich nur noch die Königliche Reichsbank gibt.

Auch sehe ich relativ wenig Produktwerbung. Wenn es irgendwo Plakate gibt, dann vorwiegend mit Veranstaltungshinweisen. Stattdessen stehen an vielen Stellen Verkaufs- oder Informationsstände, wie ich sie gestern schon gesehen habe.

Als ich schon etwas weiter vom Zentrum entfernt bin, in einer Gegend mit lauter Einfamilienhäusern, höre ich plötzlich Geräusche wie von einer Baustelle: eine Kreissäge, Gehämmer, Akkuschrauber, laute Rufe. Ich biege um eine Ecke und sehe ein Grundstück mit ca. 15 Leuten, die offenbar damit beschäftigt sind, ein großes Holzgartenhaus und einen Holzzaun zu errichten. Auf dem Gehweg liegt ein Haufen Bretter, die nach und nach zugesägt und verbaut werden.

Ich gehe näher und beobachte das Treiben eine ganze Zeitlang, als eine ältere Frau zu mir her kommt und mich anspricht:

ÄF: Hallo, haben Sie sich auch für heute angemeldet?

I: Angemeldet?

frage ich verdutzt zurück.

I: Nein.

ÄF: Gut. Ich dachte nur, weil Sie so rumstehen wie bestellt und nicht abgeholt. Aber nach meiner Liste sind alle da.

I: Tut mir leid, ich weiß gar nicht, worum es geht. Ich habe nur den eifrigen Einsatz hier bewundert. Wenn Sie so weiter machen, sind Sie ja in ein paar Stunden fertig!

ÄF: Ja, so ist das auch geplant. Wir hatten das zunächst beim Amt als Projekt mit einer Dauer von 3 – 4 Wochen angemeldet. Doch dann kamen so viele Bewerbungen, dass wir dachten, wir lassen alle kommen und ziehen das an einem Tag durch.

I: Beim Amt für gegenseitige Unterstützung?

ÄF: Ja, und dann meldeten sich auch privat noch ein paar Leute.

I: Und was sagen Ihre Nachbarn zu dem Lärm heute?

ÄF: Die sind ja selbst mit dabei. Den einen hat mein Mann letztes Jahr beim Tapezieren geholfen und für die anderen passe ich immer wieder auf die kleinen Kinder auf. Eine Hand wäscht die andere. So machen wir das schon seit Jahren.

I: Super. Ich wünsche Ihnen noch gutes Gelingen.

ÄF: Danke. Ihnen auch noch einen schönen Tag.

Ich gehe weiter.

Als ich nach einiger Zeit den Stadtrand mit den ersten Wiesen und Äckern erreiche, sehe ich in einiger Entfernung ziemlich viele Menschen, die sich auf einem Feld betätigen. Beim Näherkommen erkenne ich, dass sie Stroh verstreuen. Es ist eine bunt gemischte Menschengruppe, Jüngere und Ältere, Männer, Frauen und auch Kinder. Am Rand des Feldes liegt ein großer Haufen von Strohballen, daneben steht ein Klapptisch mit Getränken und Snacks und eine Bank, auf der einige

Leute sitzen und sich ausruhen. Es scheint eine gute Stimmung zu herrschen, jedenfalls höre ich immer wieder Lachen, spaßige Zurufe und ähnliches.

Ich gehe näher, um herauszufinden, was hier genau gemacht wird. Als ich bei dem Tisch ankomme, kommt gerade ein älterer Mann vom Feld.

I: Hallo, darf ich fragen, was Sie hier gerade machen?

ÄM: Hallo. Natürlich dürfen Sie das. Aber ich muss zuerst einen Schluck trinken.

Er holt sich ein Glas Wasser und wendet sich dann wieder zu mir.

ÄM: So, junger Mann. Sie sind wahrscheinlich nicht von hier.

I: Nein, ich bin nur dieses Wochenende hier und schaue mich mal um.

ÄM: Ah ja. Das ist gut. Tun Sie das nur! Wir mulchen hier heute unsere Kartoffeln.

I: Ah so!

ÄM: Ja, vor einem Monat haben wir die gepflanzt, und jetzt, wo das Kraut anfängt zu wachsen, mulchen wir mit Stroh.

Er sieht wahrscheinlich an meinem Gesicht, dass ich mit dieser Aussage nicht viel anfangen kann, und fährt fort:

ÄM: Das Mulchen ist besser als Anhäufeln. Die Strohschicht verhindert nicht nur, dass die Knollen ans Licht wachsen und grün werden. Sie behindert auch noch das Unkraut, macht den Boden locker und hält ihn feucht – auch im Sommer.

I: Aha, verstehe. Und für wen machen Sie das?

ÄM: Für wen? Na, für uns.

I: Aber das sind doch ganz schön viele Leute, die hier arbeiten.

ÄM: Ja, feine Sache, nicht? Die arbeiten alle für sich und gleichzeitig für die anderen.

I: Und wem gehört der Acker?

ÄM: Der Stadt. Unser Verein hat dort wegen brachliegender Flächen angefragt, und da hat sie uns diese Fläche zur Verfügung gestellt.

I: Und wie geht das weiter?

ÄM: Naja, wenn die Pflanzen größer werden, kommen wir regelmäßig und sammeln Kartoffelkäfer ab und schauen auch sonst nach dem Rechten. Jeder vier Stunden pro Woche. Und im Herbst wird geerntet.

I: Und was passiert mit der Ernte?

ÄM: Davon nimmt jeder, so viel er braucht. Ein Teil der Ernte wird natürlich fürs nächste Jahr zum Pflanzen zurückbehalten.

I: Das ist ja interessant!

ÄM: Ja, nicht wahr! Ist 'ne tolle Idee. Für lächerliche vier Stunden pro Woche kann man so beste unbehandelte Nahrung bekommen – wie aus dem eigenen Garten, aber mit viel weniger Arbeit.

I: Und da scheinen ja viele Leute mit zu machen!

ÄM: Oh ja! Das werden jedes Jahr mehr. Die Stadt hat auch die Fläche jedes Jahr vergrößert. Dort drüben zum Beispiel ...

Er zeigt auf das benachbarte Feld.

ÄM: ... da haben wir letzte Woche Mais gesät.

I: Mais!?

ÄM: Ja, das ist eine dankbare Nahrung im Sommer. Ideal zum Grillen, viel gesünder als Fleisch.

I: Ist das nicht ein sehr großer Aufwand für die paar Kolben?

ÄM: Nein, das täuscht. Man muss eigentlich nur am Anfang gut hacken, damit das Unkraut nicht überhand nimmt. Mit so vielen Leuten ist das ein Klacks. Und das ist eine sehr kommunikative Arbeit, wenn man so nebeneinander mit der Hacke durch die Reihen geht. Wir sähen den Mais natürlich auch großzügiger, als Sie das vielleicht kennen. Die Pflanzen brauchen Platz, damit sie sich richtig entfalten können. Und wir befelden die Samen vor der Aussaat. Da bringen die das Fünffache.

I: Wie bitte? Befelden?

ÄM: Ja, kennen Sie nicht? Tolle Sache, sag ich Ihnen. Da werden die Samen vor der Aussaat für ein paar Tage in ein elektrisches ☞ Spannungsfeld gelegt. Dadurch werden die Gene wieder in einen *[2]* ursprünglichen Zustand versetzt. Die Samen keimen dann besser, sind viel resistenter gegen Schädlinge und bringen einen höheren Ertrag. Unsere Maispflanzen bilden mehrere Stängel aus und bringen bis zu zehn Kolben pro Pflanze. Eine hatte sogar zwölf!

I: Das ist unglaublich!

ÄM: Nicht wahr? So bauen wir hier eine kleine Selbstversorgung auf. Viel einfacher und ergiebiger, als wenn jeder für sich alleine ackert. Und macht auch mehr Spaß.
So, ich mach' jetzt noch ein Stündchen. Dann geh' ich wieder nach Hause.
Ich wünsch' Ihnen noch eine gute Zeit. Auf Wiedersehen!

Er steht auf und geht wieder zu einer der Kartoffelreihen.
Und ich? Ich bin wieder ein Stück klüger – und noch beeindruckter.
Ich beschließe, zurück zu gehen und unterwegs noch etwas Obst zu kaufen.
Als ich eine Straße überquere, sehe ich plötzlich zwei Autos, die nacheinander über eine rote Ampel fahren. Ich bleibe verdutzt stehen und beobachte die Kreuzung. Kurz danach kommt nochmal ein Auto, das einfach bei Rot weiter fährt. Es fährt sogar langsamer, tastet sich also bewusst trotz roter Ampel über die Kreuzung. Das ist ja ein Ding! Ich schaue mich um, ob irgendwo vielleicht ein Hinweisschild zu sehen wäre. Aber nichts dergleichen.
Dann spreche ich eine junge Mutter an, die mit einem Kinderwagen und einem kleinen Jungen an der Hand unterwegs ist.

I: Entschuldigung. Wissen Sie, ob diese Ampel außer Betrieb ist?

M: Nee, wieso? Die funktioniert doch!

I: Aber da fahren ständig Autos bei Rot drüber.

M: Na sicher nur, wenn die Straße frei ist, oder?

I: Ja schon, aber ...

M: Das sind wahrscheinlich Fahrer mit grünem Führerschein.

I: Grüner Führerschein?

Der kleine Junge zieht seine Mutter am Arm und drängt zum Weitergehen.

M: Laufen Sie doch ein Stück mit mir. Ich hab' den Kindern versprochen, mit Ihnen in den Stadtpark zu gehen, und dabei kann ich es Ihnen gern erklären.

I: Mach ich gerne, danke.

M: Ich bin übrigens Maria. Sie sind wohl nicht von hier?

I: Nein, bin ich nicht. Ich heiße Thomas.

M: Wissen Sie, bei uns gibt es nicht nur einen Führerschein für alle, egal wie gut oder schlecht jemand Auto fahren kann. Je nach Fahrpraxis, Fertigkeit, Unfallhäufigkeit gibt es verschiedene Führerscheinklassen, die durch die Farbe unterschieden werden.

I: Aha!

M: Wer besser fahren kann, muss sich einfach weniger strikt an die vorgegebenen Regeln halten.

I: Und das funktioniert?

M: Ja, warum nicht? Einen Führerschein mit größerer Freiheit ist man ja auch viel schneller wieder los, wenn etwas passiert. Die Verantwortung ist größer, und die muss man auch ständig unter Beweis stellen.

I: Und so dürfen die einfach bei Rot über die Ampel fahren?

M: Wenn es die Verkehrslage erlaubt, ja.

I: Dürfen die dann auch Geschwindigkeitsbeschränkungen übertreten?

M: Je nach Situation, ja. Deshalb steht bei uns bei fast jedem Geschwindigkeitsschild eine kleine Erklärung drunter.

I: Ja, das ist mir schon aufgefallen.

M: Wenn da steht „Lärm", dann hat die Geschwindigkeit nichts mit der Verkehrssituation zu tun und sollte aus Rücksicht auf die Mitmenschen grundsätzlich nicht überschritten werden.
Wenn allerdings nichts da steht, dann handelt es sich immer um eine gefährliche Kurve, und da hängt es vom Auto, vom Wetter und vom Fahrkönnen ab, wie schnell man die Kurve tatsächlich nehmen kann.

I: Das klingt einleuchtend. Finden dann bei Ihnen gar keine Geschwindigkeitskontrollen statt?

M: Nur noch sporadisch. Die Autofahrer müssen bei uns ja nicht als Zusatz-Einnahmequelle für die Gemeinden herhalten. Bei uns steht die Verkehrssicherheit oben an, und die ist sowieso immer situationsabhängig. Die meisten Unfälle passieren, weil der Fahrer abgelenkt ist und sich nicht auf das Fahren konzentriert. Fehlende Aufmerksamkeit kann man aber nicht mit einer Geschwindigkeitsbeschränkung ausgleichen – egal wie streng diese sein mag.
Soll der Fahrer doch ein paar Kilometer schneller fahren, Hauptsache er ist voll konzentriert, rücksichtsvoll und reagiert schnell auf die jeweilige Verkehrssituation.

Wir sind mittlerweile im Park angekommen. Das Mädchen schläft tief und fest im Kinderwagen. Der Junge ist die ganze Zeit über ungeduldig gewesen, und jetzt darf er endlich zum neuen Spielplatz voraus laufen.

I: Haben Sie da nicht Angst um Ihre Kinder, wenn hier jeder bei Rot über die Ampel fährt?

M: Nein. Entscheidend ist ja, wie es ihnen von den Eltern beigebracht wird. Die Kinder sollen ja gerade lernen, eine mögliche Gefahrenquelle zu erkennen und das Gefahrenpotential selbst richtig einzuschätzen. Das kann ihnen eine Ampel nicht abnehmen.
Deswegen ist es auch Unsinn, dass alle Leute vor einer roten Ampel warten müssen, auch wenn weit und breit kein Auto kommt,

nur um ein gutes Beispiel für die Kinder zu sein. Unsere Kinder wachsen vielmehr in dem Bewusstsein auf, dass die Ampeln kein Ersatz für die eigene Aufmerksamkeit und Vorsicht sind, sondern eine Unterstützung, und damit funktioniert alles bestens.

Sie hält kurz an, erspäht ihren Sohn in der Ferne am Spielplatz und sieht nach ihrer im Kinderwagen schlafenden Tochter.
Wir stehen inmitten eines herrlichen Parks. Er ist gut gepflegt und sehr sauber: nirgendwo Abfall, ja nicht einmal eine Zigarettenkippe kann ich ausmachen.
In einiger Entfernung sehe ich einige freie Flächen, auf denen eine Gruppe junger Leute herumhantiert.

I: Was treiben denn die Leute dort?

M: Das sind Leute von der Akademie. Die haben einige Versuchsflächen im Park angelegt und erproben darauf das Wachstum von Obst und Gemüse mit Hilfe neuer bzw. auch althergebrachter oder vergessener Anbaumethoden. Das ist interessant, wenn auch manchmal etwas kurios.

I: Inwiefern?

M: Naja, dort zum Beispiel sind zwei Experimentalpflanzungen von Kartoffeln. Die eine ist normal mit Kartoffeln bepflanzt, die andere ist zusätzlich mit Drähten in der Erde versehen und mit einer riesigen Antenne ausgestattet. Das hat etwas mit natürlichen Energiefeldern und dem Erdmagnetfeld zu tun. Genau weiß ich es nicht mehr, aber dort wurde ein Informations- und Schaukasten aufgestellt.

I: Und das machen die einfach hier im Stadtpark?

M: Ja, das ist der perfekte Platz: ein zentraler öffentlicher Lehr- und Schaugarten. Hier treffen sich alle und können täglich direkt mit erleben, was sich tut.
Einige der heutigen Anbaumethoden im Königreich wurden hier erprobt und verbessert und bringen uns immer weiter in Richtung Selbstversorgung.

Als wir näher an den Spielplatz herankommen, rennt ein etwa siebenjähriger Junge auf Maria zu, offenbar ihr Sohn, und erzählt ganz aufgeregt, was er alles mit seinem Papa gebaut hat und dass er ihr alles unbedingt zeigen muss. Gleich hinter ihm kommt ein Mann von Mitte 30, wahrscheinlich der Papa, und begrüßt sie liebevoll.

P: Hallo Schatz. Na, schläft die Kleine?

Und mit einem neugierigen Blick auf mich fügt er hinzu:

P: Und wen hast Du da mit gebracht?

I: Hallo, ich bin Thomas,

stelle ich mich gleich vor.

I: Ich erkunde gerade die Stadt, und Maria konnte mir einige Fragen dabei beantworten.

P: Das ist schön. Ich bin Paul. Und wie gefällt es Dir bei uns?

I: Gut. Sehr interessant, und vor allem viel Neues für mich.

P: Ja, Talweis hat sich ganz schön gemacht in den letzten Jahren. Die meisten wissen es ja gar nicht, weil sie nicht hier aufgewachsen sind, aber vor fünf Jahren war Talweis eine sterbende Stadt. Vor dem Wechsel gab es hier so gut wie nichts: kaum Industrie, kaum Gewerbe, kaum Arbeit. Es gab etwas Landwirtschaft, doch die brachte nicht viel ein. Weil es so wenig Arbeit gab, war der Verdienst mager. Viele haben auswärts gearbeitet, für Wochen oder ganze Monate. Manche sind täglich gependelt – teuer mit dem Auto, denn eine Bahn hielt hier nicht mehr. Es war es ihnen wert, wenigstens bei der Familie zu schlafen.
Wer schlau war, ist weggezogen, wie viele meiner Freunde. Ich war einer der wenigen, denen es gut ging. Ich hatte eine sichere Stelle beim Finanzamt, deswegen bin ich geblieben.
Dann kam der Wechsel, und das war wie ein Wunder für uns alle.

M: Das hast Du damals aber noch nicht so gesehen.

P: Ja, das stimmt schon. Damals hatte ich gegen den Wechsel gestimmt. Aber das war aus Angst vor der Veränderung. Finanzämter wurden ja nicht mehr gebraucht. Nach so vielen Jahren der Gewohnheit brach da natürlich eine gewisse Sicherheit weg.

Doch heute, nach allem was wir hier in Talweis erreicht haben, sieht das keiner mehr so. Es war einfach eine Zeit der positiven Veränderungen.

Wir sehen heute, wie wenig Verwaltung zu so viel Entwicklung führt. Und wenn man früher im öffentlichen Dienst beschäftigt war, fragt man sich, wofür man eigentlich jahrelang geschuftet hat. Rechtsanwälte und Ärzte haben heute wirklich die Chance, für wahre Gerechtigkeit bzw. Gesundheit zu sorgen. Die Ernsthaften und Ehrlichen unter ihnen haben sich weitergebildet. Diejenigen, denen es nur ums Geldscheffeln ging, sind weggezogen. Denen weint keiner nach!

Heute kann hier jeder durch viele Angebote für sein eigenes Auskommen sorgen – mit geringem Aufwand. Jeder hier hat mehr Zeit, wirklich zu leben – ganz nach seinem eigenen Maßstab, ohne finanziellen Druck, ohne Angst, nicht über die Runden zu kommen.

I: Und was machst Du heute?

P: Meine Tätigkeit ist viel umfassender und interessanter geworden. Die meisten vom Finanzamt wurden in den Staatsdienst übernommen, um bestehende Unternehmen auf die neue Ordnung umzustellen.

Ich arbeite heute für die Staatsbetriebe, mache die Einnahmen-Ausgaben-Überschuss-Rechnung und berate bei der Optimierung der Geschäftsabläufe. Das ist eine schöne Aufgabe für mich – und natürlich sehr viel positiver, als das, was ich vorher gemacht habe. Endlich kann ich etwas für die Menschen tun und nicht gegen sie. Ich hatte mir zwar immer eingeredet, dass ich die Steuern ja für die Allgemeinheit eintreibe – und so wurde es auch in der Gesellschaft propagiert. Aber im Alltag sah das doch anders aus. In so vielen Einzelfällen konnte ich die Augen immer weniger davor verschließen, dass ich gegen die Menschen arbeitete und nicht für sie. Dazu kamen dann interne Anweisungen, wie in bestimmten Fällen zu verfahren sei, die nichts mehr mit dem Wohl der Bürger zu tun hatten. Das hat mein Gewissen immer mehr belastet.

Insofern war ich im wahrsten Sinne des Wortes erleichtert, als der Wechsel vollzogen war, und sich mir diese neuen positiven Aufgaben anboten. Jetzt arbeite ich wirklich für die Allgemeinheit, aber nicht, indem ich den Menschen das Geld aus der Tasche ziehe, sondern indem ich dabei mithelfe, dass Abläufe optimiert und Ausgaben reduziert und somit höhere Gewinne für die Staatskasse erzielt werden.

In diesem Augenblick kommt sein Sohn wieder und ermahnt ihn, doch endlich mit dem Quatschen aufzuhören. Es sei noch so viel zu tun.

P: Ja, jetzt muss ich mich meiner eigentlichen Beschäftigung für heute wieder zuwenden. Du kannst ja mitkommen und einen Blick auf unser Großprojekt werfen.

Wir gehen um eine Ecke in einen Seitenweg, und dort öffnet sich ein Platz, wo eine ganze Schar von Handwerkern, Bastlern und Hilfswilligen mit ihren Kindern an einem Abenteuerspielplatz arbeiten, den so mancher Freizeitpark als Hauptattraktion bewerben würde. Eine riesige Burg mit Türmen, Wällen und Toren, Kletterwänden und -stangen, Geheimgängen, Zug- und Hängebrücken, Wasserspeiern und -spielen, Rutschen, Schaukeln, Sandkästen, usw. usf. ist hier am Entstehen.

P: Damit haben wir letztes Jahr begonnen, und weil wir ständig neue und bessere Ideen hatten, sind wir immer noch nicht fertig geworden. Ist jetzt auch ein kleines bisschen größer geworden als geplant!

Ich bin beeindruckt – nicht nur von dem Bauwerk, sondern von den vielen Menschen, die hier zusammen Hand anlegen und mit Spaß und Freude etwas aufbauen. Drum herum wird ein kleines Fest für Jung und Alt gefeiert, mit Kaffee, Tee, Kakao, Milch, Kuchen, Gebäck und Obst bei einem Picknick auf der Wiese.

I: Bezahlt Ihr selbst das ganze Baumaterial?

P: Nein. Das Holz kommt aus dem Stadtwald und wurde uns vom Forstbeamten gestellt, nachdem das Projekt geprüft und für gemeinnützig angesehen wurde. Zugesägt wird es in einem Staatsbetrieb. Mein Freund Karl ist Zimmermann mit eigenem Betrieb und stellt hier viel zur Verfügung, auch sein Know-how.
Was sonst noch fehlt, steuern Unterstützer bei. Letztes Jahr kam sogar jemand, sah sich das hier an und freute sich so über das, was wir hier auf die Beine stellen, dass er 1000 Mark spendete.

I: Wow, passiert so etwas öfter?

P: Nicht in der Höhe, aber dadurch, dass dieses Projekt auch auf der Website des Amtes für gegenseitige Unterstützung veröffentlicht ist, gibt es schon viele, die etwas dazu beisteuern. Deswegen hatten wir so viel Geld, dass wir unseren ursprünglichen Turm zu einer ganzen Burg ausgebaut haben.

I: Na, da habt Ihr ja noch einiges zu tun!

P: Ja ja, aber schon das Bauen ist Teil des Projekterfolgs. Wie heißt es so schön: Der Weg ist das Ziel. Wahrscheinlich zieht es sich auch deshalb so lange hin. Viele wollen eigentlich gar nicht, dass die Burg mal fertig wird – vor allem die Kinder. Wir haben alle so viel Spaß beim Bauen, und lernen auch so viel dabei, dass wir diese Nachmittage richtig vermissen würden.

I: Na dann will ich Euch nicht länger aufhalten. Ich danke Euch ganz herzlich für Eure Zeit und die interessanten Informationen. Macht's gut!

P: Ja, auch Dir alles Gute.

M: Und noch eine schöne Zeit in Talweis!

Ich bleibe noch eine Weile stehen und beobachte das Geschehen.
Dann gehe ich weiter in Richtung Stadtmitte.
Nach einer Weile komme ich zu einem großen Supermarkt und beschließe, dort etwas Essbares zu kaufen. Ich habe zunächst Schwierigkeiten herauszufinden, wo es wirklich rein geht, denn es gibt Kassen, wo die Leute raus kommen, und auch da, wo sie rein gehen. Dann wird mir allerdings klar, dass das beim Eingang gar keine Kassen sind, sondern Waagen. Viele Kunden bringen leere Gefäße mit, die zunächst gewogen und gekennzeichnet werden. Andere gehen mit ihren Gefäßen einfach hinein. Den Sinn verstehe ich erst später beim Einkaufen selbst. Denn in vielen Bereichen gibt es keine Regale mit verpackter Ware, sondern große Spender, aus denen die Kunden die Ware in ihre mitgebrachten Behälter abfüllen können. Mehl, Nudeln, Nüsse, Getreide, Trockenfrüchte, Müsli, aber auch Flüssigkeiten wie Getränke, Öl, Honig, oder Reinigungsmittel und Kosmetik werden so ganz ohne Verpackung angeboten. Auch Obst und Gemüse gibt es nur offen.

Da habe ich nun allerdings ein Problem, da ich ja kein Behältnis dabei habe. Doch recht schnell sehe ich, dass an einigen Stellen unzerbrechliche Mehrweg-Behältnisse in einer Vielfalt von Formen und Größen angeboten werden. Bei diesen Gefäßen ist das Leergewicht sogar bereits in die Unterseite eingeprägt. Das erklärt auch die Leute, die einfach ohne Wiegen hinein gegangen sind. Zudem werden für den Einzelbedarf noch Recycling-Papiertüten angeboten, mit denen ich mein Problem lösen kann.

Es gibt aber auch viele Regale mit verpackten Waren, so wie ich das aus anderen Supermärkten gewohnt bin. Dort entdecke ich die verschiedenfarbigen Kronen wieder, die mir schon aus dem Restaurant bekannt sind. Des weiteren finde ich aber auf einigen Verpackungen auch noch schwarze Punkte und Siegel, die wie Stempel aussehen und eine Zahl tragen. Das interessiert mich. Die Siegel sind vorwiegend auf Produkten, die mir vertraut sind, aber einen Reim kann ich mir nicht darauf machen. So suche ich eine Verkäuferin und spreche sie an.

I: Entschuldigung. Dürfte ich Sie kurz etwas fragen?

V: Aber gerne. Suchen Sie etwas?

I: Nein, nicht direkt. Ich bin zum ersten Mal hier und wundere mich über die vielen verschiedenen Symbole und Aufkleber auf Ihren Produkten. Könnten Sie mir erklären, was die zu bedeuten haben?

V: Ja klar. Am häufigsten sehen Sie die Steuermarken hier.

Sie zeigt auf eins der Siegel.

V: Die kleben auf Produkten, die besteuert werden, und zeigen an, dass die Steuer bezahlt wurde.

I: Ich dachte, hier gibt es keine Steuern?

V: Das ist nicht ganz richtig. Steuern können erhoben werden für Produkte, die die Umwelt oder die Gesundheit belasten. Durch diese Steuern muss der Hersteller von vornherein das Geld bezahlen, das später zum Beheben der voraussichtlichen Schäden an Gesundheit und Umwelt aufgewendet werden muss. Damit wird verhindert, dass eine Firma, die schädliche Produkte auf den Markt bringt, dafür den Gewinn kassiert, die Behebung der Schäden aber der Allgemeinheit überlässt. Diese Schäden müssen in den meisten

Ländern heute der Staat – und damit die Steuerzahler – bezahlen, bzw. die Krankenkassen – und damit die Beitragszahler.

Im Königreich werden solche Produkte gar nicht mehr hergestellt, deshalb sind nur Artikel von außerhalb betroffen. Und die Hersteller draußen unterliegen ja nicht unserer Gesetzgebung, weshalb sie auch diese Steuern nicht bezahlen müssen. Das Gesetz besagt aber, dass diese Produkte hier im Königreich nur mit den auferlegten Steuern verkauft werden dürfen. Deshalb muss der Importeur oder der Verkäufer diese Steuern bezahlen, und das geschieht durch diese Steuermarken. Die kauft der Importeur bei der Reichsbank und klebt sie auf die Waren, damit jeder sieht, dass der Steuerpflicht Genüge getan wurde.

I: Das klingt ja kompliziert. Wie wird das alles kontrolliert?

V: So kompliziert ist das gar nicht. Diese Artikel werden sowieso nicht mehr oft gekauft. Durch die Steuer sind sie einfach zu teuer geworden, und wir haben mittlerweile sehr gute Alternativen, die unbedenklich sind. Die Kontrolle macht im Grunde jeder, der so eine Packung in die Hand bekommt, und auch von der Reichsbank werden sporadische Kontrollen durchgeführt. Das wichtigste ist aber, dass nach dem Vertrauensprinzip jeder selbst eigenverantwortlich handelt und so dafür sorgt, dass strenge Kontrollen gar nicht nötig werden.

I: Ok, danke. Dann ist mir dieser schwarze Punkt noch neu.

V: Der sagt etwas über die Umverpackung aus. Im Königreich gehen wir ja immer mehr zu kompostierbaren Verpackungsmaterialien über. Hier, diese Verpackung z.B. ist aus Maisstärke hergestellt und voll kompostierbar. Alle Waren, die noch mit nicht-kompostierbaren Materialien umverpackt sind, müssen mit einem schwarzen Punkt gekennzeichnet werden, damit die Kunden bei ihrem Einkauf eine bewusste Entscheidung treffen können.

Dasselbe gilt für die Inhaltsstoffe. Da in unserer Verfassung eine Verpflichtung des Staates zur Förderung der Gesundheit festgelegt ist, wurde eine Liste unbedenklicher Inhaltsstoffe herausgegeben, die goldene Liste. Wenn ein Nahrungsmittel nur Stoffe aus dieser Liste enthält, darf es mit der goldenen Krone ausgezeichnet werden.

Die grüne Krone besagt, dass alle Bestandteile und Zutaten aus dem Königreich stammen, und die blaue, dass auch die Herstellung und Verarbeitung nach der Naturgesetzrichtlinie erfolgt ist.

I: Herzlichen Dank für diese ausführliche Erklärung. Wie werden denn diese ganzen Kennzeichnungen von den Kunden angenommen?

V: Sehr gut. Die meisten sind sehr dankbar, dass sie schnell und unkompliziert – und vor allem verlässlich – erkennen können, was gut und gesund ist. Die ausführliche Zutatenliste liest ja doch kaum jemand. Wir stellen auch an den Verkaufszahlen fest, dass die Mehrzahl der Kunden sich an diesen Kennzeichnungen orientiert.

Ich bedanke mich nochmals und gehe dann weiter auf meinem Rundgang.

Beim näheren Vergleich einiger Produkte erkenne ich die wirklich deutlichen Preisunterschiede zwischen Artikeln aus dem Königreich, die also quasi nie durch eine Steuer verteuert wurden, und importierten Artikeln, die ja trotz allem mit Mehrwertsteuer eingekauft werden mussten und somit dementsprechend teurer sind. Ganz drastisch ist der Preisunterschied überall da, wo noch eine Steuermarke drauf klebt. Es ist mir durchaus klar, dass die allein des Preises wegen von so gut wie niemandem gekauft werden. Das ist als Nebeneffekt sicherlich auch so gewollt.

An der Kasse läuft alles wie gewohnt, nur bei den mitgebrachten Behältnissen wird das am Eingang registrierte Leergewicht vom Gesamtgewicht abgezogen, so dass effektiv nur der abgefüllte Inhalt berechnet wird. Bei mir geht es ganz schnell. Ich habe ja nur ein paar Früchte und eine Flasche Saft gekauft.

Als ich wieder draußen bin, mache ich mich gleich an die gekauften Erdbeeren. Ich habe inzwischen doch ordentlich Hunger bekommen.

Neben dem Supermarkt gibt es, wie so oft, auch eine Tankstelle. Als ich die Preistafel anschaue, traue ich meinen Augen nicht. Super kostet nur 80 Pfennig pro Liter und Diesel sogar nur 50 Pfennig. Ich rechne mehrmals nach und kann den Benzinpreis so ziemlich nachvollziehen. Es fallen hier ja keine Mehrwertsteuer und auch keine Mineralölsteuer an. Aber der Dieselpreis ist trotzdem niedriger als ich mir erklären kann.

Ich gehe näher hin, um eine Antwort auf diese Frage zu finden. Da sehe ich, dass es an zwei Zapfsäulen noch eine zweite Dieselsorte gibt, die 70 Pfennig kostet. Da gerade niemand an der Kasse ist, gehe ich schnell hinüber und frage, was es mit den zwei Dieselsorten auf sich habe.

Die Kassiererin antwortet:

KT: Das eine ist normaler Diesel und das andere ist Pyrolyse-Diesel.

I: Aha, und was ist da der Unterschied?

KT: Das weiß ich auch nicht. Der Pyrolyse-Diesel ist billiger.

Da fährt schon wieder ein Auto heran, und ich muss das Gespräch abbrechen.

So gehe ich denn weiter. Ich muss mich auch so langsam beeilen, wenn ich rechtzeitig zu der Stadtratssitzung kommen will, was ich unbedingt vorhabe. Sehr weit kann es bis zur Stadtmitte nicht mehr sein. Ich frage an zwei Kreuzungen einen Passanten, und schon nach kurzer Zeit bin ich wieder im bereits vertrauten Innenstadtbereich.

Das Rathaus ist wirklich leicht zu finden, so dass ich schon etwas zu früh dort bin. Da ich die Gepflogenheiten nicht kenne, warte ich einfach, bis die ersten Teilnehmer erscheinen. Die lassen auch nicht lange auf sich warten. Unter den ersten ist auch Norbert, der mich gleich sieht und auf mich zukommt.

N: Hallo, haben Sie es gut gefunden?

Ich nicke.

N: Kommen Sie. Wir gehen gleich rein.

Ich folge ihm in das Rathaus in eins der oberen Stockwerke, wo wir einen großen Saal mit dunkler Holztäfelung betreten. Dort steht eine Reihe von Tischen mit Stühlen in U-Form, und dahinter mehrere Reihen von Stühlen. An der Stirnseite steht ein weiterer Tisch mit 3 Stühlen, und seitlich neben der Eingangstür gibt es Gläser und Getränke.

Die Mitglieder des Stadtrats nehmen an der Tischreihe Platz. Es sind keine Abtrennungen oder Abteilungen zu erkennen, wie das sonst für die Fraktionen der Fall ist. Die Stuhlreihen dahinter sind für Gäste. Ich setze mich hinter Norbert und beobachte das Geschehen. Es herrscht großes Interesse. Die zweite und dritte Stuhlreihe sind fast ganz besetzt.

Dann kommen noch drei Frauen, die alle an dem Tisch an der Stirnseite Platz nehmen.

Norbert flüstert mir zu:

N: Die Blonde ist die Bürgermeisterin, die beiden anderen sind die Protokollführerinnen.

Die Bürgermeisterin eröffnet die Sitzung, begrüßt alle Anwesenden und verliest die Tagesordnung. Dann teilt sie mit, dass die Stadt seit einer Woche zwölf neue Bürger habe. Sie liest eine Liste mit Namen vor, die alle die Bürgerprüfung bestanden haben.

Bürgerprüfung? Ich kann jetzt unmöglich Norbert fragen, ohne die Sitzung zu stören. Also schnappe ich mir einen Zettel und beginne eine Liste mit Fragen, die ich später klären will.

Auf die Frage, ob noch irgendwelche zusätzlichen Punkte in die Tagesordnung aufgenommen werden sollten, gibt es keine Meldung. Daher wird begonnen, die Tagesordnung Punkt für Punkt abzuarbeiten.

Zunächst geht es um eine Sport- und Veranstaltungshalle, die wohl vor kurzem abgebrannt war. Hierzu kam eine Anfrage von der Reichsbank bezüglich des Schadens, bzw. der Kosten für einen Wiederaufbau und ob ein solcher überhaupt geplant sei. Denn da die Sporthalle von der Reichsbank finanziert worden ist, muss diese nun eventuell die Geldmenge wieder reduzieren. So wie ich es verstehe, ist für den Bau der Halle Geld geschöpft worden. Da der entsprechende Wert jetzt aber nicht mehr vorhanden ist, muss die Geldmenge entsprechend wieder angepasst werden.

Das ist mir nicht so ganz klar. Deshalb kommt das als nächster Punkt auf meine Liste.

Dann kommt ein umfangreiches Thema über den Haushalt. Ein älterer Herr gibt hierzu eine lange Erklärung ab, die auch einen Rückblick über die letzten Jahre beinhaltet. Offenbar ist die Stadt bereits kurz nach dem Wechsel schuldenfrei geworden, und seitdem sind die Einnahmen stetig gewachsen, so dass bereits zweimal Einnahmenkürzungen vorgenommen worden sind.

In den letzten Jahren haben sich weitere Staatsbetriebe gut etabliert, auch sei die Anzahl der Beschäftigten gestiegen, so dass die Einnahmen durch die Deutsche Heilfürsorge und die Deutsche Rente gestiegen seien. Gleichzeitig machen sich jetzt immer deutlicher die Resultate der Gesundheitsaufklärungsprogramme und der Vorgaben für Nahrungsmittelhersteller bemerkbar, die zu einem spürbaren Rückgang der Ausgaben der Deutschen Heilfürsorge geführt haben. All das zusammengenommen solle jetzt zu einer weiteren Einnahmenkürzung Anlass geben. Er schlägt die Senkung der Gebühren für Wasser und Strom durch die Stadtwerke vor. Es folgen endlose Zahlen, die ich so nicht nachvollziehen kann.

Zu diesem Vorschlag gibt es quasi keine Gegenargumente, so dass der entsprechende Antrag einstimmig angenommen wird.

Zu dem nächsten Punkt spricht wieder derselbe Herr. Hier geht es um eine Moschee, die in der Stadt gebaut werden soll. Die Frage ist, ob und in welcher Höhe sich die Stadt an den Baukosten beteiligen solle. Hier ist die Diskussion schon etwas kontroverser. Die einen sind für eine hohe Beteiligung, da religiöser Pluralismus gut für die Stadt sei und man sich auch am Bau der Synagoge beteiligt habe. Andere meinen, dass man diese Frage im Gesamtzusammenhang des Königreichs sehen müsse, und offenbar gibt es eine andere Gemeinde, die vorwiegend von Moslems bewohnt ist, und die ihr ganzes öffentliches Leben deshalb auch sehr stark am Islam ausgerichtet hat – mit Freitagsgebet, Muezzin, Ramadan etc. Die Wahrscheinlichkeit sei groß, dass die Mehrzahl der Moslems über kurz oder lang dorthin ziehen werden und somit eine Moschee bei ihnen in der Stadt gar nicht nötig sei. Nach einigem Hin und Her wird beschlossen, zur nächsten Sitzung einen Vertreter der islamischen Gemeinde einzuladen, um konkrete Auskunft über den Finanzbedarf, aber auch über die voraussichtliche Nutzung einer Moschee zu erhalten.

Der nächste Punkt dreht sich um organisatorische Fragen zu den Staatsbetrieben in der Stadt. Der eine braucht mehr Lagerraum, ein anderer will seinen Standort verlegen, wieder ein anderer will einen Anbau an seinem Bürogebäude machen. Zu allen diesen Fragen werden die Stellungnahme und entsprechende Beschlüsse des Stadtrats eingeholt.

Als nächstes steht der Antrag auf der Tagesordnung, die Regelarbeitszeit um eine Stunde auf 6 Stunden pro Tag zu reduzieren. Seit dem Wechsel sei die finanzielle Belastung der Menschen so stark gesunken, dass auch bei geringerer Arbeitszeit ein ausreichendes Einkommen vorhanden sei. Von vielen sei der Wunsch geäußert worden, mehr Zeit für Familien- und Gemeinschaftsleben zu haben. Einige Betriebe haben bereits von sich aus die Arbeitszeit reduziert. Als Gegenargument wird vorgebracht, dass eine solche Entscheidung dämpfend auf die wirtschaftliche Entwicklung wirken würde, denn entweder müsse die Produktion gedrosselt oder neue Mitarbeiter eingestellt werden. Außerdem hätten die Angestellten dadurch weniger Kaufkraft.

An dieser Stelle meldet sich eine Frau von Mitte 40 zu Wort und hält eine sehr emotionale Ansprache, die ich hier im Wortlaut wiedergeben möchte:

„Ist es nicht endlich, fünf Jahre nach der völligen Umstellung unseres wirtschaftlichen und politischen Systems, an der Zeit, auch in unseren Köpfen Abschied von der Wachstumsideologie zu nehmen? Ist es nicht endlich Zeit zu erkennen, dass wir so viel Wohlstand mit so wenig Arbeit haben wie noch nie? Warum gibt es immer noch einige, die Magengrimmen bekommen, wenn nicht mindestens so-und-so-viel Prozent Wachstum zu verzeichnen sind? Wenn es allen gut geht, wenn alle genug haben, wenn die Firmen ausgelastet sind und schwarze Zahlen schreiben, warum um alles in der Welt brauchen wir dann mehr?

Es gibt keine Zinsen mehr, es gibt keinen Zwang zum Wachstum auf der materiellen Ebene mehr! Wenn wir Wachstum wollen, dann doch bitte geistig, ethisch, spirituell. Für diese Art von Wachstum benötigen wir aber Freiraum, Freiheit vom Druck des Hamsterrades. Und wenn uns die Spielregeln unseres neuen Systems diese Freiheit ermöglichen, dann ergreifen wir sie doch bitte und machen etwas Besseres daraus als ständig mehr Materie umzuwälzen und anzuhäufen."

Ein lauter Applaus bricht aus, und fast alle stimmen lebhaft zu.

In der nachfolgenden Abstimmung wird der Antrag mit großer Mehrheit angenommen.

Nun folgt die Berichterstattung aus dem Regionalrat, dem nächst höheren Rat. Die Bürgermeisterin als Abgesandte der Stadt berichtet kurz von den dort ergangenen Beschlüssen und geht dann recht ausführlich auf dort anstehende Entscheidungen ein. Zu jeder einzelnen Entscheidung bittet sie um die Abstimmung des Stadtrats, um so ihre Stimme im Regionalrat in Übereinstimmung mit der mehrheitlichen Meinung des Stadtrats abgeben zu können. Auf diese Weise wird zu jedem einzelnen Gesetzentwurf des Königreichs jede Gemeinde gehört und in die Entscheidung mit einbezogen. Sehr beeindruckend.

Als letzter Punkt stehen Fragen der Bürger auf der Tagesordnung. Ein Herr will Details zu einem geplanten Straßenbauprojekt haben, eine ältere Dame fragt danach, wie weit ihr Pensionshaus sei, da sie nur noch ein Jahr arbeiten werde. Ich entnehme der Frage, dass wohl gerade ein Haus für ihren Altersruhesitz gebaut wird, aber das notiere ich mir auch auf meiner Frageliste. Dann kommt zum Schluss noch ein junger Mann, der sich darüber beschwert, dass es in einer bestimmten Straße so stark nach Kanalisation stinke. Seine Beschwerde wird zu Protokoll genommen, um an die betreffende Stelle weitergeleitet zu werden.

Dann ist die Versammlung zu Ende, und mit ein paar Dankesworten werden alle ins Wochenende entlassen.

Ich warte, bis Norbert sich erhebt. Er dreht sich zu mir um und sagt:

N: Na, interessant?

I: Ja sehr, aber ich habe eine ganze Liste von Fragen, die ich gerne mal noch besprechen würde.

N: Ok, gerne. Aber für heute bin ich schon ausgebucht. Das könnten wir doch morgen Nachmittag zum Kaffee alles besprechen.

I: Ja, wenn Ihnen das Recht ist.

N: Na klar, kein Problem. Sagen wir um 15 Uhr?

I: Passt mir gut.

N: Sie wissen noch nicht, wo ich wohne, stimmt's?

Er erklärt mir kurz den Weg zu seinem Haus, verabschiedet sich und geht mit einem Kollegen zusammen aus dem Saal.

Ich bleibe noch eine Weile sitzen und beobachte die Leute. Alle machen einen recht offenen, fast freundschaftlichen Eindruck auf mich. Auf jeden Fall gibt es überhaupt kein Anzeichen von Gruppen- oder Fraktionsbildung, wie ich das bisher so kannte.

Plötzlich tippt mich jemand von hinten an der Schulter an. Ich drehe mich um und erkenne Dieter.

„Hallo," sagen wir beide gleichzeitig.

D: Na, wie ist es mit Montag? Haben Sie es sich überlegt?

I: Ja, es würde mich schon sehr interessieren, Ihren Betrieb zu sehen. Ich würde dafür noch eine Nacht dranhängen und erst Montag früh wieder fahren. Dann müssen wir es aber gleich um 7 Uhr machen und haben dann auch nur eine Stunde. Ginge das?

D: Ok, klingt gut. Das machen wir so. Ich erwarte Sie also am Montag um 7. Lassen Sie sich von Norbert noch mal erklären, wo wir sind. Bis dahin!

Er schlängelt sich zwischen den Tischen und Leuten hindurch zur Tür und verschwindet.

Ich erhebe mich und verlasse ebenfalls den Saal.

Draußen vor dem Rathaus bemerke ich ein unverkennbares Gefühl in der Magengegend und entschließe mich, etwas zu essen. Ohne zu zögern wende ich mich in Richtung Bahnhof, um wieder ins *Lecker-Gesund* zu gehen. Das hat mir sehr zugesagt und auch sehr gut geschmeckt.

Als ich dort ankomme, bin ich erstaunt, welch großer Andrang heute herrscht. Das ganze Lokal ist voll. Ich wähle dieses Mal eine Suppe und ein Reisgericht und muss mich dann erst einmal auf die Suche nach einem freien Platz begeben. Ganz hinten ist an einem Vierertisch noch ein Stuhl frei. Dort gehe ich hin, frage, ob der Platz noch frei ist, und setze mich. Auf den anderen Plätzen sitzen drei junge Leute, von denen mir zwei noch sehr jung zu sein scheinen, vielleicht sogar noch Schüler. Eine der beiden Frauen ist schon ein paar Jahre älter. Sie unterhalten sich sehr angeregt. Ich entnehme, dass es wohl um ein Projekt geht, an dem sie alle beteiligt sind.

C: Ich muss das nachher gleich noch mal nachschauen. Mit dem Sinussatz müssen wir doch den genauen Winkel herausbekommen, meinste nicht, Emilie?

sagt der junge Mann, der wohl Christian heißt.
Die Angesprochene antwortet:

E: Ja, schon, aber das hat doch noch bis Montag Zeit.

C: Nee, mir lässt das jetzt keine Ruhe. Und am Montag wollen wir die Balken doch schon zuschneiden.

E: Wenn Du weiter so auf die Tube drückst, ist das Haus Ende nächster Woche fertig.

I: Sie bauen ein Haus?

frage ich interessiert und verwundert.

C: Ja, sozusagen.

E: Wieso sozusagen? Wir bauen ein Haus, als Projekt der Akademie.

I: Ach so, Sie sind in der Akademie?

E: Ja, im 2. Jahr Grundstudium.

I: Und da bauen Sie ein Haus?! Was genau machen Sie da?

C: Alles. Von der Architektur über die Fertigungsplanung bis zur Materialauswahl und zum tatsächlichen Bauen, und ganz am Ende gründen wir noch eine Firma zur Vermietung der Räume.

I: Wow! Und das können Sie alles?

E: Naja, was heißt können? Eigentlich lernen wir dadurch alles. Wir sind jetzt gerade am Dachstuhl, und ich muss sagen, jetzt verstehe ich zum ersten Mal, was das mit Sinus, Cosinus usw. eigentlich soll.

I: Ja, das ist ganz schön kompliziert, nicht wahr?

E: Im Grunde genommen gar nicht, wenn man einen konkreten Bezug dazu hat. Früher in der Schule wurde uns das so abstrakt an den Kopf geknallt, und wir konnten nichts anderes tun, als es einfach auswendig zu lernen. Aber jetzt sind wir bei unseren Überlegungen von selbst darauf gekommen, das alles zu benutzen. Wir kamen irgendwann nicht weiter und sind dann beim Recherchieren, was es noch für Möglichkeiten gibt, fast zwangsläufig auf die Trigonometrie gestoßen. Mir hat Lisa dabei sehr geholfen. Sie hatte das in ihrer Schule schon ganz anders verstanden.

Lisa ist offenbar die jüngste der drei. Sie fühlt sich angesprochen und ergänzt:

L: Ja, wir haben die Anwendungen damals schon verstanden. Wir hatten auch in der Schule bereits ein kleines Bauprojekt.

I: Ach, Sie waren wohl in einer anderen Schule?

L: Ja, ja. Wir kommen ja auch aus verschiedenen Städten.

E: Ich habe auch nach meiner Schulzeit schon ein paar Jahre gearbeitet und habe mich jetzt erst entschlossen zu studieren.

I: Und ist das schwierig?

E: Für mich wahrscheinlich am meisten von uns dreien. Ich hatte noch das alte Schulsystem und musste hier erst einmal komplett umdenken.

Die ersten paar Wochen waren ganz schlimm. Da wurde mein Kopf erst einmal leer gepustet. Uns wurde gezeigt, dass das meiste, was wir gelernt hatten und für Realität hielten, völlig wackelig war oder sogar direkt falsch – nur durch Fragen, bzw. Aufzeigen von Widersprüchen und dann durch andere Erklärungsmöglichkeiten. Das ging mir richtig an die Substanz. Ich habe damals gemerkt, wie sehr ich mich mit meinem Schulwissen identifiziert hatte. Das war fast so etwas wie eine Glaubenskrise.

C: Für uns war das normal. Lisa und ich sind ja bereits auf eine Schule im Königreich gegangen, und da wurde von vornherein nichts als absolut hingestellt und immer die Zusammenhänge zu den Grundlagen hergestellt. Für uns war es ja schon klar, dass das bisherige materialistische Weltbild nicht alles korrekt erklären konnte, dass da einfach bisher wichtige Dimensionen ausgeklammert worden waren. Ich glaube, das hat Dir auch ganz schön zu schaffen gemacht, oder?

wendet er sich an Emilie.

E: Oh ja. Das war sozusagen der zweite Kulturschock für mich. Ich komme da aus einer Welt, in der alles klar und erklärbar schien, und merke hier, dass das nur ein kleiner Ausschnitt der Realität war, der zudem noch mit ganz falschen Erklärungen arbeiten musste, weil er die wirklichen Grundlagen nicht anerkennen wollte. Mann o Mann, ich habe da so manche schlaflose Nacht verbracht, als mir bewusst wurde, wie sehr ich mich hatte blenden lassen. Als Kind hatte ich von so vielen Dingen noch ganz andere Vorstellungen, die sich jetzt wieder als richtig erwiesen, die mir vorher aber die ganzen Jahre über ausgeredet worden waren – bis ich das selbst alles geglaubt hatte.

I: Und jetzt sind Sie sicher, dass das alles so stimmt?

E: Nein, überhaupt nicht. Aber jetzt weiß ich, an welcher Stelle Zweifel oder Unsicherheit angebracht sind, und welche Dinge klar und unzweifelhaft sind. Ich weiß jetzt genau, worauf was basiert, und kann so jede Theorie bis zu den Wurzeln zurückverfolgen. Wenn da noch irgendwo Schwachstellen in der Kette sind, dann weiß ich das. Vorher hatte ich ja immer gedacht, alles ist gesichert und unzweifelhaft. Zu erkennen, auf welch tönernen Füßen man bisher gestanden hatte – das war ein schwieriger und teilweise beängstigender Prozess.

I: Und was haben Sie sonst noch gelernt, hier an der Akademie?

E: Enorm viel. Ich bin wirklich glücklich, mich für dieses Studium entschlossen zu haben. Wir haben in allen möglichen Wissensbereichen eine gute Einführung bekommen: Mathematik, alle Naturwissenschaften, Geologie, Astronomie, Astrologie, Recht, Volks- und Betriebswirtschaftslehre, Geschichte, Philosophie, Psychologie, Parapsychologie, und dann ...

C: Medizin hast Du vergessen,

wirft Christian ein.

E: Ach ja, ganz wichtig. Nicht die hochgestochene Medizin, sondern Gesundheits- und Körperkunde. Ich weiß jetzt ziemlich gut, wie mein Körper funktioniert und wie ich ihn gesund erhalte bzw. wieder gesund mache. Das gibt eine enorme Sicherheit, zu verstehen, wie irgendwelche Störungen wieder beseitigt werden können.
Ja, und dann haben wir auch sehr praktische Kenntnisse erworben: Musik, Sport – eigentlich Teil der Körperkunde – und Handwerk: Holz- Stein-, Metallbearbeitung. Und wie gesagt: Jetzt bauen wir ein Haus mit allen Gewerken, die dazu gehören: Maurer, Zimmermann, Dachdecker, Klempner, Elektriker, Fliesenleger, Schreiner und und und ... Es ist wirklich unglaublich, wie viel man in zwei Jahren lernen kann.

C: Und wie viel Spaß das macht!

fügt Christian hinzu.

I: Und was haben Sie nach dem Studium vor?

E: Ich werde mich auf eine Stelle beim Staat bewerben. Eine Anstellungszusage haben wir als Absolventen der Akademie ja bereits in der Tasche. Vielleicht eine Führungsposition in einem Staatsbetrieb.

C: Ich werde mich selbständig machen. Ich habe ein paar Geschäfts-
ideen, und bald habe ich ja das gesamte Handwerkszeug, um eine
Firma zu führen.

I: Und Sie?

wende ich mich an Lisa, die etwas schüchterner zu sein scheint.

L: Ich werde weiter machen an der Akademie.

I: Welche Richtung?

L: Paraphysik.

I: Aha, was kann ich mir darunter vorstellen?

L: Nun ja, wenn Sie Magie und Parapsychologie von allem Hokus-
pokus befreien, dann kommen Sie zu einer Naturwissenschaft, die
wir Paraphysik nennen.

C: Lisa hat eine sehr starke mediale Anlage. Deshalb hat sie auch
ein Stipendium für die Akademie erhalten. Das wird im Königreich
stark gefördert.

I: Und wie haben Sie Ihr Studium finanziert?

C: Bei mir haben es im wesentlichen meine Eltern bezahlt. Ich habe
mit einigen Jobs noch etwas dazu verdient.

E: Und ich war ja schon einige Jahre berufstätig und hatte dafür
gespart.

I: Sie kommen nicht alle aus Talweis?

„Nein," sagen Christian und Emilie gleichzeitig, während Lisa mit dem
Kopf nickt.

L: Doch, ich schon.

E: Ich komme nicht einmal aus dem Königreich.

I: Ach so? Sie sind also extra wegen dem Studium hierher gekommen?

E: Ja, so ist es.

I: Und wollen jetzt hier bleiben?

E: Auf alle Fälle. Ins alte System will ich auf keinen Fall zurück.

I: Und Sie?

wende ich mich an Christian.

C: Ich komme aus einer kleinen Gemeinde im Königreich, im Wendland.

E: Wo die Anarchie herrscht,

wirft Emilie lachend dazwischen.

C: Mach' Dich nur lustig darüber! Ja, unsere Gemeinde bekennt sich zum Anarchismus.

I: Wie bitte? Anarchismus im Königreich? Das ist doch ein Widerspruch in sich.

C: Nein, durchaus nicht. Wir sind sogar nur deshalb zum Königreich gewechselt, weil wir hier die Möglichkeit der Autonomie haben.

I: Das müssen Sie mir erklären.

C: Gerne. Laut der Verfassung hat jede Gemeinde das Recht, sich selbst zu verwalten, ohne einer Gebietskörperschaft angegliedert zu sein. D.h. wir machen unser Ding, verwalten uns mit unserem Gemeinderat selbst, ohne Regionalrat, Bezirksrat etc. und sind somit weitgehend autonom.

I: Und der König und die Verfassung?

C: Die stören uns nicht. Die Verfassung drückt sowieso nur das aus, was uns auch entspricht, das können wir gut akzeptieren, und der König ist ja nur der Garant der Verfassung.

I: Und was ist bei Ihnen dann anders als in anderen Gemeinden?

C: Nun, zum Beispiel haben wir ein bedingungsloses Grundeinkommen für jedes Gemeindemitglied. Wir haben und wollen keine Kirchen irgendeiner Religion bei uns. Wir treffen unsere Entscheidungen nach dem Einstimmigkeitsprinzip, d.h. alle Mitglieder des

Gemeinderats müssen zustimmen. Wir wollen eben die wirkliche vollständige Gleichheit aller Menschen praktisch leben.

I: Was meinen die anderen Menschen im Königreich dazu?

C: Einige finden das nicht so gut, das haben Sie ja vorhin an ihrer Reaktion gesehen.

Er zeigt auf Emilie.

C: Aber es wird akzeptiert.

Emilie unterbricht ihn protestierend:

E: So war das doch nicht gemeint, das weißt Du doch! Ich akzeptiere das voll und ganz. Es ist nur etwas kurios, deshalb machen wir manchmal unsere Späße darüber. Ich würde nicht so leben wollen, aber ich muss das ja auch nicht.

C: Genau. Wir stören oder beeinflussen niemanden. Die, die auch so leben möchten, ziehen zu uns, und somit sind wir unter uns und leben nach unserer Façon, und die anderen leben nach ihrer Façon. Ganz einfach.

I: Und gehen Sie auch wieder dahin zurück?

C: Mal sehen,

sagt er mit einem merkwürdigen Blick auf Lisa.

C: Das ist noch nicht entschieden.

E: Und wo kommen Sie her?

wendet sich Emilie an mich.

E: Ihren Fragen nach zu urteilen, sind Sie noch nicht lange hier.

I: Ja, da haben Sie allerdings Recht. Ich bin jetzt genau einen Tag hier.

E: Oh, das ist wirklich nicht viel.

L: Aber Sie werden hier bleiben.

I: Öh, ich weiß nicht,

sage ich verunsichert.

I: Ich muss ja erst mal noch alles kennen lernen. Ich habe zwar schon einiges gesehen, aber ... Das, was Sie mir jetzt erzählt haben, war für mich wieder fast alles Neuland.

E: Ja, man kann hier sehr viel Neues erfahren und lernen. Aber den Unterschied zum alten System erleben Sie erst wirklich, wenn Sie längere Zeit hier sind.
Man bekommt hier ein anderes Lebensgefühl, einen anderen Bezug zu den Mitmenschen, auch ein anderes Selbstverständnis. Die geänderten staatlichen Spielregeln bewirken viel mehr, als Sie sich bis jetzt vorstellen können. Es ist wie eine Befreiung, ein Aufwachen ...
Ich kann Ihnen das nicht wirklich erklären. Vielleicht haben Sie schon bemerkt, dass die Menschen hier anders drauf sind, dass alles hier irgendwie menschlicher ist, aber um das wirklich innerlich nachvollziehen zu können, müssen Sie eine Zeitlang hier leben – und dann mit jemandem von draußen sprechen, um sich des Unterschieds wirklich bewusst zu werden.

Sie lacht, und alle lachen mit.

C: Jetzt müssen wir aber los. Es war nett, Sie kennen zu lernen.

Die drei stehen auf und verabschieden sich von mir, fast wie von einem alten Bekannten.
Ich bleibe noch eine Weile sitzen und esse mein Gericht zu Ende. Irgendwie fühle ich mich merkwürdig berührt. Vor allem die letzten Worte von Emilie haben eine Resonanz in mir ausgelöst. Es ist schon so: Die Menschen sind hier anders, oder sind es spezielle Menschen, die sich hier zusammen gefunden haben?
Ich stehe auf, gebe mein Geschirr ab und gehe langsam und in Gedanken ins Hotel zurück.
Dieser Tag hat mir wieder so viele neue Eindrücke vermittelt, dass ich fast Mühe habe, sie mir alle noch einmal ins Bewusstsein zu rufen. Und jedes einzelne Erlebnis, jedes einzelne Puzzle-Teil war so neu, so tiefgreifend, dass ich wahrscheinlich noch einige Zeit brauchen werde, um das alles vollständig zu verdauen.

In meinem Zimmer angekommen mache ich mich bettfertig, sinniere noch eine Weile vor mich hin und übergebe mich dann dem herrlich gemütlichen Bett.

Am nächsten Morgen wache ich etwas früher auf als am Tag zuvor. Geweckt werde ich von den Stimmen und Schritten vieler Menschen, die ich von draußen höre. Ich springe auf und gehe ans Fenster. Auf der Straße zieht eine große Menge Menschen in Sportbekleidung rennend und trabend am Haus vorbei. Es sieht aus wie ein großer Marathon, an dem die halbe Stadt teilnimmt, Jung und Alt, Männer und Frauen, auch Kinder.

Ich dusche, ziehe mich an und gehe hinunter zum Frühstück. Die brünette Frau, die mir am ersten Abend das Zimmer gezeigt hat, ist da und bedient die Gäste.

F: Guten Morgen! Gut geschlafen?

I: Ja, danke. Sehr gut. Das Bett ist wirklich eine Wucht!

F: Ja, wir haben uns auch große Mühe gegeben, alle Voraussetzungen für eine gute Nachtruhe zu schaffen.

I: Was ist denn das Geheimnis daran?

F: Nun, zunächst die Matratze. Die besteht nur aus reinen Naturfasern, mehrere Lagen: Stroh, Kapok, Wolle. Dadurch ist sie atmungsaktiv, ohne elektrostatische Aufladung, warm und fest, damit die Wirbelsäule sich gut strecken kann. Dafür sorgt zusätzlich auch der stabile Bretterrost. Dann das Kissen, das Kopf und Nacken die ganze Nacht hindurch optimal lagert, ohne sich zusammenzudrücken. Und schließlich die Naturfaserdecke, ebenfalls atmungsaktiv. Zu alledem ist unser gesamtes Haus energetisch harmonisiert.

I: Sehr beeindruckend. Die Wirkung ist jedenfalls deutlich spürbar. Mal noch eine andere Frage: Da sind doch vorhin eine Unmenge Leute hier vorbei gerannt. Findet hier heute ein Marathon statt?

F: Nein, das ist jeden Sonntag so. Das hat vor ein paar Jahren angefangen, und seitdem treffen sich immer mehr Leute am Sonntag zum Joggen.

I: Aha, interessant!

F: Ja, das Gesundheitsbewusstsein ist in den letzten Jahren enorm gewachsen. Fast jeder, den ich kenne, macht irgendetwas Sportliches, achtet auf seinen Körper, richtige Ernährung oder ähnliches.

I: Hat das auch mit dem Königreich zu tun?

F: Ja natürlich. Das sind die Auswirkungen der Gesundheitsinformationen und -seminare der Deutschen Heilfürsorge. Die haben generell zu einem Bewusstseinswandel geführt.

Ich habe mir einen Teller am Buffet zusammengestellt und jongliere mit einem Glas Orangensaft und einer Müsli-Schüssel zu einem der Tische.

I: Sind diese Veranstaltungen verpflichtend?

F: Verpflichtend nicht. Aber sie sind kostenlos, und es gibt Vergünstigungen beim Beitrag, wenn man sie besucht. Die Deutsche Heilfürsorge wird ihrem Namen wirklich gerecht. Sie bemüht sich sehr um die Fürsorge für die Gesundheit der Bevölkerung. Und mittlerweile ist eine richtiggehende Gesundheitswelle daraus entstanden. Das haben Sie heute morgen ja selbst erlebt.
Ich wünsche Ihnen einen guten Appetit.

I: Vielen Dank. Ach, bevor ich es vergesse: Ich würde gerne noch eine Nacht dranhängen. Geht das?

F: Ja, kein Problem. Für Ihr Zimmer haben wir noch keine neue Reservierung. Ich werde das nachher gleich eintragen. Sie bekommen dann auch noch einen Preisnachlass: Ab drei Nächten kostet das Zimmer nur 25 Mark pro Nacht.

I: Das ist ja schön. Vielen Dank.

Ich genieße mein Frühstück und gehe danach wieder auf mein Zimmer.
Hier schnappe ich mir den Stapel Zeitungen, den ich zwei Tage zuvor gekauft habe, und beginne sie zu studieren.
Ich bin überrascht, welche Fülle an Informationen ich dort finde. Aber nicht nur Informationen in Form von Nachrichten, sondern auch Kom-

mentare, Bewertungen, Vergleiche. Eine Zeitung bringt zu vielen Meldungen noch einen Kommentar der Redaktion, in dem die Verlässlichkeit oder Endgültigkeit der Meldung bewertet wird. Eine andere Zeitung geht sogar so weit, zu vielen Nachrichten zwei Meldungen zu bringen, aus verschiedenen Quellen, bzw. Blickrichtungen. Ich merke erst bei der Lektüre, dass viele Themen, die seit einigen Tagen in der Presse sind, noch gar nicht so sicher geklärt sind, wie das in den Medien sonst den Anschein hat. Hier kann man so richtig nachvollziehen, über welche Aspekte noch Unklarheit herrscht, bzw. welche Meldungen noch mit Vorsicht oder unter Vorbehalt zu sehen sind. Man spürt richtig, wie überall um die Wahrheit gerungen wird und niemand etwas als endgültig hinstellen will, was noch umstritten oder unsicher ist. Das ist eine beeindruckende Art der Berichterstattung.

Selbst in der Wissenschaftsrubrik wird Bezug genommen auf Wissenschaftler, die das eine oder andere Forschungsergebnis anzweifeln oder kritisch kommentieren oder eigene Ergebnisse veröffentlichen, die im Widerspruch zu anderen zuvor publizierten stehen. Dadurch wird deutlich, wie dynamisch auch der wissenschaftliche Prozess ist, und dass hier keineswegs eine unumstößliche Wahrheit nach der anderen gefunden und in Stein gemeißelt wird.

Eine Zeitung hat eine Rubrik, in der sie Themen der letzten Monate nochmals hervorholt und beleuchtet, was seitdem daraus geworden ist. Da lese ich beispielsweise voller Erstaunen, dass inzwischen ganz andere Erkenntnisse über das angeblich von den Russen abgeschossene malaysische Verkehrsflugzeug MH17 gewonnen worden sind, die die bisherigen Versionen deutlich in Frage stellen. Auch zum Libyschen Bürgerkrieg gibt es offenbar noch ganz andere Informationen und Sachverhalte, von denen ich bisher noch nie etwas gehört habe. Das bisher vermittelte Bild muss somit durch ein viel komplexeres ersetzt werden. In den üblichen Medien wird dieses Thema aber schon seit langer Zeit als abgeschlossen behandelt.

Ich bin fasziniert. Eine solche Art von Journalismus habe ich noch nie erlebt. Hier wird dem Leser offen und ehrlich gezeigt, was man herausgefunden hat und was eben noch nicht, was als gesichert gilt und was nicht, wo noch Zweifel bestehen und wo es widersprüchliche Sichtweisen oder Informationen gibt. Und immer wieder sehe ich auch Korrekturen der Meldungen oder Kommentare vom Vortag, wenn sich neue Gesichtspunkte ergeben haben.

Das ist Klasse! So kann man das Vertrauen in die Presse zurückgewinnen, und ich kann mir regelrecht vorstellen, wie spannend Journalismus hier wieder sein muss. Jetzt geht es wieder darum, der erste zu sein, der eine neue Information hat oder eine ältere ergänzen oder widerlegen kann, bzw. wer insgesamt glaubwürdiger und verlässlicher ist. Dadurch hat auch Propaganda von oben oder gleichgeschaltete Informationsfilterung keine Chance mehr.

Das Ganze ist so interessant, dass ich vor lauter Lesen erst nach 2 Uhr bemerke, wie spät es geworden ist.

Ich springe schnell auf, denn ich bin ja bei Norbert zum Kaffee verabredet. Da darf ich nicht zu spät kommen. Und meine Liste mit Fragen sollte ich auch nicht vergessen. Schnell ziehe ich noch eine andere Hose an und eile aus dem Zimmer.

Den Weg hat er mir ja beschrieben, es ist ein bisschen außerhalb. Aber in die Richtung bin ich gestern Vormittag bereits gegangen, so dass es mir nicht ganz fremd ist.

Um kurz vor 3 stehe ich dann vor einem ziemlich neuen Einfamilienhaus in einer ruhigen Straße in einem Randgebiet der Stadt. Es ist im unteren Bereich aus Naturstein und darüber mit Ziegeln gebaut und hat ein ausladendes Dach, unter dem man trockenen Fußes um das ganze Haus herumgehen kann. Der Garten ist gepflegt, aber nicht geschniegelt. Das gefällt mir, es sieht noch nach Natur aus.

Ich gehe zur Haustür und klingele. Von drinnen ruft eine Kinderstimme, dann höre ich Schritte, und mir wird geöffnet. In der Tür steht eine zierliche Frau mit schwarzen Haaren, die ganz offensichtlich hochschwanger ist.

S: Hallo, ich bin Sabine. Hereinspaziert!

Sie lädt mich mit einer typischen Handbewegung ein einzutreten, was ich auch tue.

I: Hallo, ich bin Thomas.

Beim Eintreten sehe ich, dass sich hinter Sabine ein kleines, 3 oder 4 Jahre altes Mädchen versteckt und vorsichtig zu mir herüber lugt.

I: Na hallo! Da ist ja noch jemand!

versuche ich, sie hervor zu locken.

Das Köpfchen verschwindet zunächst wieder ganz schnell hinter dem Rücken der Mutter, dann aber kommt es mit einem zaghaften „Hallo" wieder hervor.

I: Ich bin Thomas, und wer bist Du?

Keine Antwort.

S: Das ist Beatrice,

erwidert ihre Mutter stattdessen.
In diesem Augenblick kommt Norbert aus einer Tür und begrüßt mich.

N: Hallo. Schön, dass Sie da sind!

I: Hallo!

S: Ach, Ihr seid immer noch beim „Sie"?

Wir schauen uns an.

N: Ja, Du hast Recht.

I: Naja, meinetwegen können wir auch gerne zum „Du" übergehen.

Ich strecke ihm meine Hand hin.

I: Also noch mal richtig: Ich bin Thomas.

N: Und ich Norbert.

Wir reichen uns die Hände.

N: Komm rein, Thomas.

Ich ziehe meine Schuhe aus, und folge den dreien ins Wohnzimmer. Mir fällt sofort ins Auge, dass hier alles aus schönem Holz gebaut ist: die Garderobe, die Türen, der Esstisch, die Stühle, alle Regale und Schränke, die ich sehe. Auch der Fußbodenbelag ist echtes Parkett. Alles sieht sehr gediegen und trotzdem gemütlich aus.
Wir setzen uns an den Tisch, auf dem bereits alles gedeckt ist. Es gibt Erdbeerkuchen und Kakao.

I: Ihr bekommt bald Nachwuchs, nicht wahr?

Die beiden schauen einander liebevoll an.

S: Ja. Der Termin ist in zwei Wochen.

I: Uih. Dann ist der Koffer bestimmt schon gepackt?

S: Koffer?

I: Ja, fürs Krankenhaus.

S: Nein, im Königreich kommen die Kinder doch nicht mehr im Krankenhaus zur Welt.

I: Wo dann?

S: Bei uns hat jede Gemeinde ein oder mehrere Geburtshäuser. Die neuen Seelen sollen herzlich und warm empfangen werden. Geburten sind doch keine Krankheiten.

I: Aber wenn es Komplikationen gibt?

S: Die Geburtshäuser sind optimal für alles ausgerüstet. Und für die ganz schlimmen Fälle, die aber zum Glück ganz selten sind, gibt es den Notarzt.

N: Wir haben uns aber für eine Hausgeburt entschieden.

I: Hausgeburt!? Alle Achtung! Ist das nicht riskant?

S: Nein, wir haben eine sehr erfahrene Hebamme. Die hat schon viele Hausgeburten gemacht.

I: Das war sicher nicht einfach, so eine Hebamme zu finden.

S: So schwierig war das nicht. Seit dem Wechsel nimmt die Zahl der Hausgeburten wieder stetig zu. Man muss mittlerweile eher schauen, dass das terminlich klappt.

I: Und diese Versicherungsproblematik? Gibt es die hier nicht?

N: Nein, das war nur wieder so eine Maßnahme im alten System gegen die Natürlichkeit, um Hausgeburten auszumerzen. Deshalb wurde die Pflichtversicherung für die Hebammen so teuer gemacht, dass sich das fast keine mehr leisten konnte. Hier macht das alles die Deutsche Heilfürsorge. Auch die Geburtshäuser werden von der Deutschen Heilfürsorge getragen. Da ist das alles kein Problem.

I: Interessant. Was soll es denn werden? Mädchen oder Junge?

S: Das wissen wir noch gar nicht. Wir haben nur einmal kurz Ultraschall machen lassen, und da konnte man es noch nicht erkennen.

I: Kein Ultraschall? Und das Risiko?

S: Na genau wegen dem Risiko! Ultraschall ist uns viel zu riskant. Er erhitzt das Gewebe des Embryos auf unnatürliche Weise und sorgt für Strukturzerstörungen im Zellgewebe. Dadurch wird das Risiko für Wachstumsstörungen, Gehirnschädigungen, Herzfehler etc. enorm erhöht. Das alles wollen wir nicht riskieren. Unsere Hebamme kann alles bestens ertasten, und mit ihrem Hörrohr weiß sie immer, wie es dem Kind geht.

I: Und wenn ein Gendefekt vorhanden ist?

S: Dann kann der Ultraschall auch nichts daran ändern. Man weiß es dann nur früher und belastet die Schwangerschaft noch zusätzlich mit Angst und schlechten Gefühlen.

N: Gendefekte werden ja auch nicht mit Ultraschall untersucht.
Die Deutsche Heilfürsorge geht da ganz andere Wege. Bei uns beginnt die Schwangerschaftsvorbereitung bereits lange vor der Zeugung. Denn wenn beim Vater und bei der Mutter der Körper, Feinstoffwechsel, Hormonhaushalt etc. möglichst optimal funktionieren, dann reduziert sich die Wahrscheinlichkeit für solche Defekte auf ein Minimum. Deshalb weiß bei uns heute jeder Schulabgänger, wie wichtig es ist, für einen gesunden Körper zu sorgen, bevor man ein Kind zeugt.

I: Dann lehnt Ihr alle Eingriffe von außen ab?

S: Nein, durchaus nicht. Deshalb haben wir ja einen Ultraschall machen lassen. Wir befürworten alles, was nötig und vor allem sinnvoll ist, und zwar vor dem Hintergrund des vollständigen Wissens um die natürlichen Zusammenhänge und Abläufe.

N: Und diese Diskrepanz macht sich gerade beim Thema Schwangerschaft und Geburt so stark bemerkbar wie sonst fast nirgends. Hier werden aber heute weltweit die Wurzeln für eine Vielzahl von Entwicklungsstörungen, Krankheiten, Degenerationserscheinungen auf körperlicher Ebene gelegt und noch viel mehr Probleme auf mentaler und emotionaler Ebene, vom spirituellen Bereich gar nicht zu reden.

I: Gibt es schon Erfahrungswerte über die Entbindungsmethoden im Königreich?

N: Nur begrenzt, denn so lange gibt es ja das Königreich noch nicht. Allerdings entspringen die Methoden auch nicht dem Königreich. Die sind viel älter und universeller und werden vereinzelt schon seit vielen Jahrzehnten mit großartigen Erfolgen praktiziert. Hier im Königreich wird nur der rechtliche Rahmen geboten, um diese Methoden ungehindert anwenden zu können und nicht durch staatliche Vorschriften oder gesellschaftlichen Druck zu lebensfeindlichen Maßnahmen gezwungen zu werden. Hier besteht ja sogar das verfassungsmäßige Recht auf Gesundheit und die Pflicht des Staates, die Gesundheit zu fördern.

I: Wie geht Ihr dann mit Impfungen um?

N: Impfungen im herkömmlichen Sinne bekommt bei uns nur der, der es ausdrücklich verlangt. Routineimpfungen oder Impfpflicht gibt es bei uns nicht, vor allem nicht bei Kindern.

I: Nicht bei Kindern?

N: Nein, Gott behüte! Gerade bei Kindern ist das sinnlos und schädlich. Wenn ein Säugling von der Mutter gestillt wird, wird er von der Mutter mit gegen Infekte geschützt. Trotzdem ist es heute weltweit üblich geworden, den kleinen Babys kurz nach der Geburt Mehrfachimpfungen zu injizieren. Diese Impfstoffe enthalten jedoch Aluminium- und Quecksilberverbindungen, Formaldehyd und ähnliche starke Nervengifte, und zwar so viel, dass die offiziell zulässige

i
S. 153

Höchstmenge für die kleinen Körper um ein Vielfaches überschritten wird. Das ist geradezu Wahnsinn!
Und da die Blut-Hirn-Schranke, also der natürliche Schutzmechanismus des Zentralnervensystems gegenüber Schadstoffen im Blut, sich erst ab dem ersten Lebensjahr ausbildet, werden hier bereits lebenslange Schädigungen provoziert.

S: Dabei ist das alles vollkommen unnötig. Wenn man für eine gesunde Schwangerschaft und eine menschliche und kindgerechte Geburt und Stillzeit sorgt, dann wird das Kind alleine dadurch dermaßen gestärkt, dass man gar keine Angst vor Krankheiten oder Allergien haben muss.

N: Wir haben in der Akademie begonnen, all die offenen Fragen in Bezug auf das Immunsystem, Krankheiten und ihre Vorbeugung etc. neu aufzurollen und zu erforschen. Wir möchten die Lücken endlich schließen, die durch die bisherige von der Wirtschaft finanzierte und beeinflusste Forschung geblieben sind und überall für Unsicherheit sorgen.

In diesem Augenblick muss Beatrice ganz dringend auf die Toilette, und Sabine verschwindet eilig mit ihr.
Wir sitzen einige Augenblicke schweigend da und nippen an unseren Tassen.

I: Ein echt schönes Haus habt Ihr. Wie lange wohnt Ihr schon hier?

N: Vor zwei Jahren sind wir eingezogen. Aber es ist immer noch nicht alles fertig.

I: Habt Ihr es selbst entworfen?

N: Sagen wir mal so: Wir haben die Grund-Entwürfe gemacht, aber da es ein reines Lehmhaus werden sollte, hätte die Statik so nicht funktioniert. Deshalb mussten wir die Entwürfe etwas verändern.

I: Aha?

N: Ja, mit Beton kann man architektonisch so ziemlich alles machen. Mit Lehm ist man dagegen etwas eingeschränkt.

I: Ach so! Habt Ihr es bereut?

N: Den Lehm? Nein, kein bisschen. Das Wohnklima ist so angenehm. Das ist mit nichts zu bezahlen.

I: Aber doch wohl ganz schön teuer?

N: Die Handhabung und Verarbeitung ist schon etwas aufwändiger, das stimmt. Wobei sich das bei Lehmziegeln noch im Rahmen hält. Aber bei uns hat hier in dieser Beziehung generell ein Umdenken begonnen. Die langfristigen Vorzüge fallen einfach mehr ins Gewicht. Wenn man bei den minderwertigen Baustoffen, die in den letzten Jahrzehnten in großen Mengen verbaut wurden, die geringe Lebensdauer und die Schäden für Umwelt und Gesundheit der Bewohner mit kalkulieren würde, dann wären diese Baustoffe so teuer, dass keiner sie mehr kaufen würde.

I: Wie meinst Du das?

N: Na, nimm doch mal den Neupreis eines normalen Hauses bei Euch. Dann musst Du den schon doppelt nehmen, um die Lebensdauer meines Hauses zu erreichen. Denn bis dahin ist das normale Haus längst kaputt und muss durch ein neues ersetzt werden. Nun addiere noch die Krankenhaus- und Behandlungskosten für die Bewohner. Denn die werden in den nächsten Jahren einer hohen Belastung durch die Schadstoffe ausgesetzt sein, die aus den verwendeten Baustoffen in die Raumluft abgegeben werden, oder sie erkranken durch Schimmelbelastung. Schließlich musst Du noch die Entsorgungskosten für die teilweise umweltschädlichen Baumaterialien dazu rechnen, die anfallen, wenn das Haus einmal abgerissen wird. Dann bist Du bei den wirklichen Kosten.

I: Ok, verstehe. Aber so rechnet ja keiner.

N: Doch, bei uns schon. Für solche minderwertigen Häuser bekommt man hier keine vernünftige Finanzierung mehr, so wie für die hochwertigen.

I: Wieso das?

N: Na weil auch die Gemeinwohlkassen sehr genau darauf achten, wofür sie Geld vergeben. Da Geldschöpfung bei uns nur bei gleichzeitiger Werteschöpfung möglich ist, durch die ein Mehrwert erzeugt wird, kommt es sehr auf die Werte an, die geschaffen werden sollen.

I: Das habe ich nicht so ganz verstanden.

N: Schau her! Geldschöpfung leistet im Königreich die staatliche Reichsbank. Sie ist nur erlaubt, wenn gleichzeitig Werte geschaffen werden, die zudem einen Mehrwert zu erzeugen imstande sind und die Allgemeingut sind.

I: Was verstehst Du unter „Mehrwert"?

N: Einen Mehrwert erhält man beispielsweise aus einem Gebäude, wenn man es vermietet, oder wenn man darin Waren produziert. Die Miete oder der Wert der Waren sind dann der Mehrwert. Verbrauchsgüter wie Nahrungsmittel oder Kleidung dagegen können keinen Mehrwert erzeugen. Sie werden einfach verbraucht. Für sie kann keine Geldschöpfung betrieben werden – ebensowenig für Werte in Privateigentum. Um solche Dinge zu finanzieren, wird das Geld genommen, das schon auf der Bank liegt.

I: Kann es da also zu Engpässen kommen?

N: Nein. Wir haben ja nur eine Bank, und deshalb liegt alles, was die Menschen geschaffen haben, auf dieser Bank. Die Einnahmen der Deutschen Heilfürsorge, der Deutschen Rente, sämtlicher Staatsbetriebe, dazu die Einlagen aller Bürger liegen auf der Bank und können für Finanzierungen vergeben werden. Erst wenn das nicht ausreicht, kommt Geldschöpfung überhaupt in Betracht. Das ist ziemlich selten, wie Du Dir vorstellen kannst.
Dennoch werden generell dieselben Bewertungsmaßstäbe für die geschaffenen Werte angewendet. Es wird überall Langlebigkeit und hohe Qualität gefordert. Das ist eine grundsätzliche Haltung bei uns geworden, und der Umgang mit Geld hat sich gegenüber dem alten System grundlegend verändert.
Du kennst doch sicherlich solche Aussprüche wie „Wer billig kauft, kauft zweimal" oder „Wir sind nicht reich genug, um Billigware zu kaufen"?

Ich nicke.

N: Minderwertige Qualität ist nur ein Ausdruck eines falschen Geldsystems und eines gewissen Mangeldenkens, das schließlich zu einer Wegwerfmentalität führt. All das haben wir hier überwunden.

Dieses Prinzip von Wert- und Nachhaltigkeit wird auch von den Gemeinwohlkassen gefordert. Deshalb wird bei der Kreditvergabe von vornherein jedes Projekt auf Qualität, Nachhaltigkeit und Umweltverträglichkeit geprüft. Ein minderwertiger Bau kann krank machen oder Unwohlsein erzeugen, außerdem hält er nicht lange. So gewähren die Gemeinwohlkassen nur Kredite, wenn die Auflagen zur Verwendung natürlicher Baumaterialien eingehalten werden und die Bauten gewisse Standards erfüllen.

I: Und wer kann sich das leisten?

N: Viele. Wer es will, bekommt Geld geliehen, ohne Zinsen zahlen zu müssen. Dadurch, dass wir das Recht auf Arbeit haben, gibt es praktisch keine Arbeitslosen und somit auch kaum Kreditausfälle. Aber letztlich sind Darlehen auch nicht unbedingt notwendig. Wer für die Gemeinde oder in einem Staatsbetrieb arbeitet, kann auch günstig in einem gemieteten Haus oder einer Wohnung wohnen.

I: Recht auf Arbeit? Habe ich richtig gehört? Das ist ja wie in der DDR. Das senkt doch zwangsläufig die Produktivität!

N: Ja, diese Meinung hört man immer wieder. Sie ist aber sehr kurzsichtig. Die Vollbeschäftigung in der DDR wurde und wird ja bis heute in der BRD als Geldverschwendung und Produktivitätskiller verlacht. Was wird aber seit der Wende als Alternative geboten? Alle „unproduktiven" Arbeitnehmer wurden entlassen und bekommen seitdem Arbeitslosenhilfe, Sozialhilfe, Hartz IV oder wie immer die schönen Namen lauten. De facto bedeutet das jedoch, dass diese Menschen, die zuvor eine Arbeit, einen Lebensinhalt, eine Aufgabe in der Gemeinschaft hatten – auch wenn ihre Tätigkeit vielleicht manchmal für ihre Produktivität überbezahlt war – jetzt zu Almosenempfängern degradiert worden sind. Und obwohl die Produktivität der übrigen Arbeitnehmer gestiegen ist, hat sich gesamtgesellschaftlich die Produktivität nicht verändert, eher im Gegenteil: Bei den Hartz IV-Empfängern ist sie auf Null gesunken, und bei vielen anderen ist sie mittlerweile durch Überlastung, Burnout etc. ebenfalls oft eingebrochen.
Sprich mal mit Psychologen und Psychiatern. Da wirst Du oft hören, dass weit mehr als die Hälfte der Problemfälle, mit denen sie

zu tun haben, wegfallen würden, wenn die Betroffenen wieder eine Arbeit und damit eine Aufgabe hätten. Deshalb finde ich es besser, Menschen für irgendeine Arbeit Geld für ihren Lebensunterhalt zu bezahlen, als ihnen fürs Nichtstun Almosen zu geben und sie so zu entwürdigen. Die sogenannten 1-Euro-Jobs sollten ja wohl in diese Richtung gehen, kamen aber nur noch als zusätzliche Entwürdigung bei den Betroffenen an.

Aus volkswirtschaftlicher Sicht macht es bei den Ausgaben keinen Unterschied, ob man allen durch Sozialhilfe oder durch ein Recht auf Arbeit zu ihrem Lebensunterhalt verhilft. Die zweite Lösung bringt aber auf alle Fälle eine produktive Gegenleistung für das Gemeinwohl und bedeutet für die Betroffenen psychologisch eine größere Freiheit, Akzeptanz und das konkrete Gefühl, ein wertvoller Teil der Gemeinschaft zu sein.

I: Ja, das klingt vernünftig. Das kann ich nachvollziehen.

N: Dieser Vergleich der Systeme ist ganz interessant. Immerhin haben wir Deutsche dadurch als einzige die Möglichkeit einer Synthese aus gelebter Erfahrung.
      In der DDR gab es das Recht auf Arbeit. Es gab aber in wirtschaftlicher Hinsicht keine Freiheitsrechte. Deshalb war das im Grunde kein Sozialismus, sondern Staatskapitalismus. Durch die staatliche Steuerung war die Wirtschaft dann am Ende auch nicht mehr kreativ, obwohl sie durchaus produktiv war.
      Im Königreich haben wir beides: das Element der Freiheit als freie Marktwirtschaft und das Element der Steuerung durch die Staatsbetriebe. Die Staatsbetriebe haben primär die Aufgabe, die Versorgung der Bevölkerung anzubieten und sicherzustellen. Wenn dies von privaten Unternehmen gewährleistet werden kann, ziehen sich die Staatsbetriebe zurück.

I: Ist diese Steuerung denn notwendig und sinnvoll?

N: Durchaus. Bei der Versorgung der Bevölkerung mit elementaren Gütern und Dienstleistungen wird dadurch ein gewisser Qualitäts- und Preisstandard vorgegeben, der verhindert, dass die Bevölkerung auf minderwertige Qualität oder überteuerte Preise von privaten Anbietern angewiesen sein kann.

Unser kostenfreies öffentliches Verkehrswesen sorgt beispielsweise dafür, dass überall so weit wie möglich öffentliche Verkehrsmittel genutzt werden, was der Umwelt natürlich sehr zugute kommt, Außerdem werden durch die Staatsbetriebe überall gleiche Produktionsbedingungen geschaffen. Dadurch besteht fast keine Notwendigkeit mehr, Waren über große Entfernung zu transportieren. Im Gegenteil: Da sie durch den zusätzlichen Transport teurer werden, wird auf diese Weise die regionale Wirtschaft gefördert.

I: Ich möchte nochmal auf das zurückkommen, was Du vorhin erwähnt hast: Geldschöpfung. Bedeutet das, dass für gewisse Projekte einfach Geld gedruckt wird, wenn nicht genug da ist?

N: Ja, bei gleichzeitiger Wertschöpfung im Besitz der Allgemeinheit und Erzeugung eines Mehrwerts. Im Gegenzug muss die Geldmenge natürlich auch wieder reduziert werden, wenn geschaffene Werte vernichtet werden oder kaputt gehen.

I: Das ist ja ein Ding! Da wird hier also einfach so nach Bedarf Geld gedruckt und dann wieder eingestampft!

N: Was erstaunt Dich daran so? Draußen im alten System wird doch seit Jahren einfach Geld gedruckt, und zwar ohne Bedarf, ohne Sinn und egal, wofür das Geld verwendet wird – einfach nur, um das kranke System noch eine Weile länger am Laufen zu halten. Und eingestampft wird da gar nichts mehr. Die Geldmenge muss zwar auch irgendwann wieder reguliert werden, aber das wird dem unausweichlichen Totalzusammenbruch überlassen – dann jedoch auf Kosten der kleinen Leute.

I: Aber in beiden Systemen druckt der Staat doch das Geld im Interesse der Allgemeinheit, damit ...

N: Keineswegs,

unterbricht mich Norbert.

N: Da liegst Du völlig falsch. Im alten System druckt überhaupt nicht der Staat, sondern private Banken, und wie kommst Du darauf, dass die das im Interesse der Allgemeinheit tun?

I: Na, damit genug Geld vorhanden ist, um die Schulden zu bezahlen.

N: Ich würde eher sagen: Damit genug Geld da ist, um sich weiter zu verschulden!

Ich starre Norbert verständnislos an.

N: Das frisch gedruckte Geld vergeben die Zentralbanken gegen Zinsen an andere Banken und an die Staaten. Sie erhöhen damit also den Schuldenberg. Und wenn jemand bankrott geht, dann fallen diesen Banken die verpfändeten Sicherheiten zu. So erhöht sich deren Realvermögen ständig.
Irgendwann bricht die Wirtschaft dann zusammen, und dann gehört ihnen sowieso alles. Die kleinen Leute aber haben dann alles verloren. Selbst ihr Erspartes wird ihnen geklaut, weil es durch die Inflation immer mehr an Wert verliert.

I: Jetzt aber noch einmal einen Schritt zurück. Ich dachte bisher immer, dass der Staat das Geld macht und die Banken nur damit arbeiten.

N: Da bist Du aber ganz schön falsch informiert. Wenn der Staat das Geld machen würde, warum hätte er dann Schulden, für die er Zinsen zahlen muss?

I: Wie verhält sich das dann tatsächlich?

N: Nun, Geld wird von den Zentralbanken geschöpft. Heute, wo der Großteil des Geldverkehrs nicht mehr bar erfolgt, können aber alle Banken durch Trickserei mit den Kontoeinlagen, dem sogenannten Giralgeld, ganz unabhängig von den Zentralbanken Geld schöpfen. **i**
Dazu nutzen sie aus, dass nur ein kleiner Teil der Kontoeinlagen ih- *S. 165*
rer Kunden tatsächlich als Bargeld, als Mindestreserve, vorhanden sein muss, und verwenden den Rest der vorhandenen Sichteinlagen als angebliche Mindestreserve für Kredite, die sie ihren Kunden auf deren Konten überweisen. So vergeben sie ein Vielfaches von dem als Kredite, was bei ihnen wirklich angelegt worden ist.
Das ist auch mit ein Grund, warum Bargeldtransaktionen immer mehr limitiert werden. Wenn es irgendwann kein Bargeld mehr gibt, dann fallen alle Hemmnisse für diese Banken. Dann müssen sie keine Angst vor einem Banken-Run haben. Momentan könnten sie nicht einmal 3% ihrer Sichteinlagen bar auszahlen. Wenn mehr Kunden dies wollten, wären sie sofort insolvent.

☞ I: Wofür es ja den Einlagensicherungsfonds gibt ...

S. 195
N: Der aber leider nichts als Augenwischerei bedeutet. Denn nach dem Statut des Einlagensicherungsfonds besteht kein Rechtsanspruch auf Leistungen dieses Fonds.

I: Was? Das kann doch wohl nicht wahr sein! Was soll das Ganze denn dann?

N: Es soll die Leute beruhigen, damit es nicht zu einem Banken-Run kommt. Denn der wäre das Ende für alle heutigen Geschäftsbanken und damit für das gesamte Wirtschaftssystem.

I: Und was ist die Rolle der Zentralbanken?

N: Die Zentralbanken sind die Institutionen, die materielles Geld schöpfen können, also nicht nur Giralgeld. Dieses Geld vergeben sie dann gegen Zinsen an die Geschäftsbanken oder an den Staat. Der Witz dabei ist, dass alle denken, es handele sich hier um staatliche oder gar überstaatliche Institutionen. Doch die Wirklichkeit sieht das ganz anders aus.

I: Wie denn?

ⅰ   N: Nun, die Federal Reserve Bank, die Zentralbank der USA, ist eine
S. 169   private Bank. Einige hochrangige und einflussreiche Banker haben kurz vor dem 1. Weltkrieg dafür gesorgt, dass ihrer neuen Bank das Geldschöpfungsmonopol verliehen wurde, mit einer gesetzlich verbrieften Dividende von 6% nach Abzug aller Ausgaben und ohne Mitspracherecht durch die Regierung. Heute wird das so schön als „außergewöhnliche Mischung von öffentlichen und privaten Elementen, unabhängig von der Regierung" dargestellt.

I: Hast Du dafür Belege? Für mich klingt das wieder wie eine dieser „Verschwörungstheorien."

☞   N: Darüber gibt es eine ganze Reihe von sehr aufschlussreichen Büchern, eines sogar von dem langjährigen Kongressabgeordneten
[3]   und dreimaligen Präsidentschaftskandidaten Ron Paul. Man kann hier ruhig von einer nachgewiesenen Verschwörung reden, wenn Du diesen Begriff unbedingt verwenden willst, nicht von einer Theorie.

Und wenn wir schon bei diesem Thema sind, dann möchte ich Dich ☞
auf eine relativ neue Studie der renommierten Princeton Universi- [4]
ty aufmerksam machen. In dieser Studie hat ein Politikprofessor
fast 2000 politische Grundsatzentscheidungen in den USA über 20
Jahre hinweg hergenommen, für die nationale Meinungsumfragen
durchgeführt wurden, und hat sie statistisch ausgewertet. Das Ergebnis war, dass die Meinungen der durchschnittlichen Amerikaner
fast keinen Einfluss auf die Entscheidungen hatten, auch allgemeine
Interessengruppen hatten wenig Einfluss. Das bei weitem größte
Gewicht hatten eine kleine Anzahl reicher Bürger und einflussreiche Wirtschaftsorganisationen. In seinem abschließenden Satz
stellt der Autor sogar den Anspruch Amerikas, eine demokratische
Gesellschaft zu sein, ernsthaft in Frage.
Dazu passt eine Meldung der New York Times, aus der hervorgeht,
dass weniger als 400 Familien mehr als die Hälfte der Wahlkampf-
spenden für die Kandidaten der Präsidentschaftswahl 2016 auf-
gebracht haben. Bei den Republikanern waren es sogar nur 130
Familien.
Meinst Du, der Einfluss dieser Familien bezieht sich nur auf Geld?

I: Hm.

Ich weiß nicht, was ich sagen soll.

I: Das klingt wirklich nicht gut. Da muss ich Dir Recht geben.
       Aber wir sind ja nicht in Amerika.

N: Da hast Du Recht. Aber wir dürfen nicht vergessen, dass die USA
      seit 100 Jahren weltweit einen beherrschenden Einfluss ausüben.

I: Wie ist das bei der Europäischen Zentralbank?

N: Die Organisationsstruktur ist überall dieselbe. Die EZB ist eine
      Aktiengesellschaft, genauso wie die BIZ, die Bank für Internatio-
      nalen Zahlungsausgleich, quasi die Zentralbank der Zentralbanken.
      Die Anteile der EZB werden von den Nationalen Zentralbanken der
      EU gehalten, die Anteile der BIZ von den Zentralbanken. Überall
      wird die Unabhängigkeit in jeder Richtung betont, wobei man sich
      aber fragen sollte, was diese Unabhängigkeit bedeutet und ob sie
      gut oder schlecht ist. Bei der EZB liest man auch, dass sie auf den
      ersten Blick wie ein Konzern erscheine, aber kein Konzern sei.

Fakt ist, dass auf politischer Ebene niemand Einfluss auf die EZB hat. Sie kann tun und lassen, was sie will. Natürlich muss sie immer wieder Bericht erstatten, aber deshalb kann sie trotzdem machen, was sie will. Ein demokratischer Einfluss ist nicht gegeben.

Wenn man dann weiß, dass beispielsweise die Zentralbanken von Italien und von Griechenland zu 100% privat sind, die von Belgien zu 50%, und wenn man sieht, wie das bei der FED läuft, dann kann man da natürlich so seine Zweifel bekommen.

Dazu kommen noch ganz andere Zusammenhänge, die jetzt aber – glaube ich – zu weit führen würden. Vielleicht sollten wir lieber wieder aufs Königreich zurückkommen.

I: Ja, einverstanden. Wie läuft das alles jetzt hier im Königreich?

N: Bei uns wurde gerade der Finanzsektor völlig anders aufgezogen. Gemäß der Verfassung übt der Staat die alleinige Finanzhoheit aus; die Königliche Reichsbank ist Hüterin der Währung und überwacht die Geldmenge durch Geldschöpfung bzw. Geldmengenreduzierung; die Geldmenge muss immer durch Realwerte gedeckt sein; es gibt keine privaten Banken; Zinsen sind verboten.

I: Ja, über Zinsen hatten wir ja im Zug schon gesprochen. Ich kann das immer noch nicht so dramatisch sehen. Ein paar Prozent Zinsen ist doch nicht schlimm. Und das Geld für sich arbeiten zu lassen, finde ich auch nicht gerade unangenehm.

N: Das Problem ist, dass wir keine wirkliche Vorstellung von exponentiellem Wachstum haben, und darum dreht es sich bei Zins und Zinseszins. Wir Menschen denken und leben mit einem linearen Erfahrungshorizont. Für exponentielle Vorgänge fehlt uns einfach das Vorstellungsvermögen. Deshalb ist der Zinsbetrag von 275.000 Dollar für nur einen Dollar, den ich Euch vorgerechnet hatte, für jeden überraschend.

Aber ich will Dir noch ein weiteres Beispiel vor Augen führen: Du kennst vielleicht die alte Geschichte, bei der die Belohnung für die Erfindung des Schachspiels in Weizenkörnern bezahlt werden sollte.

I: Ja, die kenne ich: Ein Korn auf das erste Feld, zwei Körner auf das zweite, vier Körner auf das dritte und so immer die doppelte

Menge Körner auf das nächste Feld, bis das ganze Schachbrett voll ist.

N: Genau die meine ich. Mit unserem linearen Erfahrungshintergrund klingt das wie ein banaler Vorgang mit einem überschaubaren Ergebnis. Das Resultat dieses exponentialen Schemas ist aber eine Weizenmenge, die die gesamte heutige Welt-Weizenproduktion eines Jahres um das 1500fache übersteigt.

I: Unglaublich!

N: Ja, unvorstellbar im wahrsten Sinne des Wortes! Du siehst daran, dass wir uns exponentielle Vorgänge nicht vorstellen und sie daher auch nicht im Griff haben können. Wenn man sich einmal – aus Naivität – auf einen solchen Vorgang vertraglich eingelassen hat, dann kann es letzten Endes nur im Kollaps enden.

I: Hm.

N: Und dieser Kollaps bedeutet nicht, dass irgendein Darlehen nicht zurückgezahlt werden kann, er betrifft das System als Ganzes.
Wir hatten ja schon darüber gesprochen, dass wir letzten Endes alle mit geliehenem Geld operieren. Aber lass mich das noch mal näher ausführen, ganz konkret, von Anfang an:
Als der Euro eingeführt wurde, da hat die Zentralbank beispielsweise 1 Milliarde Euro in Umlauf gebracht, zu – sagen wir – einem jährlichen Zins von 2%. Das heißt, die EZB will nach einem Jahr 1 Milliarde und 20 Millionen Euro wieder zurück. Ok?

I: Ok.

N: Deshalb müssen sich die Banken und alle Geldnehmer – also wir alle – gehörig anstrengen, um dieses Geld zu erwirtschaften. Klar, oder?

I: Klar.

N: Aber! Wie sollen denn 1 Milliarde und 20 Millionen zurückgezahlt werden, wenn nur 1 Milliarde ausgegeben worden ist?

I: Hm.

Ich glaube, ich starre Norbert an wie ein Schuljunge.

N: Siehst Du? So viel Geld ist gar nicht vorhanden! Das ist der Knackpunkt. Es wird durch den Zins von vornherein ein Mangelsystem geschaffen, in dem die letzten die Hunde beißen werden. Die letzten können die Forderungen nicht mehr erfüllen und verlieren ihre verpfändeten Sicherheiten. Dieses System kann nur dadurch eine Weile laufen, dass immer wieder neues Geld ausgegeben wird. Die alten Kredite werden mit neuen größeren bedient – ein Schneeballsystem!
Deshalb greift das Zinssystem in unser aller Bewusstsein und Leben ein. Wir haben alle Druck, müssen schuften, um genügend Gewinn zu machen – egal mit welchen Mitteln. Und wofür?

Immer noch sitze ich da und starre Norbert an.

N: Für das Einkommen, das irgendwo irgendjemand durch Zinsen erhält, ohne eigene Leistung dafür erbringen zu müssen. Nur dafür muss irgendwo anders irgendjemand genau diese Leistung erbringen – ohne selbst etwas davon zu haben.

Ich bin geplättet. Das ist so folgerichtig und nachvollziehbar – haarsträubend.

N: Deshalb ist der Zins die Wurzel der meisten Probleme. Und ein gerechtes Geldsystem ist mit Zins schlichtweg nicht möglich. Man kann eine Währung nicht dauerhaft durch Realwerte decken, wenn sie durch ein Zinssystem immer weiter aufgebläht werden muss. Dann aber ist es keine Währung mehr.

I: Wie meinst Du das?

N: Nun, das Wort „Währung" kommt von „Gewähr". Geld ist ja ursprünglich nur geschaffen worden, um den Güter- und Leistungsaustausch zu vereinfachen. Man könnte ja theoretisch, anstatt Geld zu bezahlen, die Leistung selbst erbringen oder sich das Material anderweitig direkt verschaffen. Um diesen Aufwand zu umgehen, bezahlt man Geld – ein nach dem eigenen Ermessen sinnvoller Tausch. Der Betrag dafür mag subjektiv und verhandelbar sein: Wenn man jung und tatkräftig ist, macht man vielleicht manche Dinge lieber selbst, anstatt viel Geld dafür zu bezahlen. Wenn man aber alt und krank ist, dann ist man froh, dass es jemand für einen macht, und bezahlt ihn dafür. In jedem Fall aber hat man eine reelle Gegenleistung oder Ersparnis dafür bekommen, dass man eine gewisse Summe Geldes bezahlt hat.

Wenn dieses Geld aber, das man sich ja selbst durch gewisse Leistungen verdienen musste, an Wert verliert und man somit einige Jahre später gar nicht mehr das dafür bekommen kann, wofür man es eigentlich verdient hat, dann wird man um seine Leistung betrogen. Und genau das wird es im Königreich nicht geben. Unser Geld ist nicht nur ein Zahlungsmittel, sondern eine gesetzliche Währung, d.h. von Gesetzes wegen bietet jede Münze und jeder Geldschein eine Gewähr auf eine dem Wert entsprechende Gegenleistung. Das bedeutet, dass das Geld immer gegen eine Gegenleistung eingetauscht werden kann und dass der Wert dieser Gegenleistung nicht abnehmen darf. Dafür garantiert der Staat mit der Königlichen Reichsbank, indem er immer die Hinterdeckung durch Realwerte kontrolliert und die leistungslose Bereicherung weniger auf Kosten der Allgemeinheit von vornherein ausschließt.

i S. 171

I: Du betonst das mit der Währung so, als ob es etwas Besonderes wäre.

N: Ist es ja auch. Wo sonst gibt es heute noch eine gesetzliche Währung in der Welt – und dazu noch eine durch Realwerte hinterdeckte? Gerade in den letzten Jahren werden überall solche Unmengen an Geld gedruckt – einfach so, aus dem Nichts, ohne dass dem irgendwelche Werte gegenüber stünden.

Der Euro ist überhaupt keine Währung mehr. Du hast keinen Anspruch darauf, dass irgendjemand Deine Euro-Scheine akzeptiert. Bei 500 Euro-Scheinen sieht man das ja bereits allenthalben. Mit denen kann man fast nirgends mehr bezahlen. Und die Fälschung von Euros ist nur noch nach dem Copyright-Gesetz verboten. Deshalb tragen sie das Copyright-Symbol, als wären es Kunstgegenstände. Noch ist es ein allgemein anerkanntes Zahlungsmittel. Das kann sich aber schlagartig ändern, wenn es zu einer Krise kommt.

I: Puh, ich glaube, das muss ich erst einmal verdauen.

Ich nehme einen großen Schluck Kakao.

I: Aber immerhin habe ich jetzt wohl jetzt schon einen Punkt auf meiner Frageliste verstanden. Da ging es um das Thema mit der Sporthalle in der Stadtratssitzung.

N: Ja, die wurde durch Geldschöpfung finanziert und ist vor zwei Wochen abgebrannt. Deshalb will die Reichsbank jetzt klären, ob die Halle wieder aufgebaut werden soll, ob dafür eine Finanzierung nötig ist etc., um entscheiden zu können, ob das einen Einfluss auf die Geldmenge haben muss.
Aber was hältst Du davon, wenn wir ein bisschen raus in den Garten gehen? Das Wetter ist eigentlich viel zu schön, um hier drin zu sitzen.

I: Ja, gute Idee!

Wir gehen in den Garten und vertreten uns die Beine.

I: Wie funktioniert das bei Euch eigentlich konkret mit Finanzierungen? Du sagtest, Ihr habt Euer Haus finanziert?

N: Ja. Da gehst Du einfach zur Gemeinwohlkasse und stellst einen Antrag. Die haben jede Menge Fachleute an der Hand, die dann Dein Projekt prüfen. Und in Absprache mit der Reichsbank bekommst Du dann die Mitteilung, ob und wie viel sie zur Finanzierung geben könnten.

I: Und wovon hängt das ab?

N: Vor allem von der Sinn- und Werthaltigkeit des Projekts, bzw. bei gewerblichen Projekten von der Fähigkeit, einen Mehrwert zu generieren. Wenn alles stimmt, dann wird ein Darlehensvertrag ausgehandelt – Laufzeit, Raten etc. – und dann bekommst Du das Geld.

I: Zinslos.

N: Zinslos, ja.

I: Wovon wird der ganze Aufwand dann finanziert?

N: Eine Bearbeitungsgebühr gibt es schon. Allein die Prüfung ist oft sehr aufwändig. Diese Kosten werden durch die Gebühr gedeckt.

I: Und dann zahlst Du Deine Raten und fertig, ohne Zinsen ...

N: Ja, das verkürzt die Laufzeit erheblich. Ich bin in 12 Jahren fertig. Dann bin ich schuldenfrei.

I: Ist schon eine tolle Sache. Und die Nachhaltigkeit des Baus, der Materialien usw., das alles wird mit bewertet?

N: Ja.

I: Womit heizt Ihr denn?

N: Wir haben einen Kachelofen im Erdgeschoss, der das ganze Haus heizen kann. Aber vorwiegend heizen wir mit Strom.

I: Mit Strom?

N: Ja, wir haben in allen Zimmern Wandflächenheizungen unter Putz. So heizen wir ganz flexibel mit Infrarot.

I: Aber Strom ist doch enorm teuer!

N: Nein, das geht. Und in ein paar Jahren wird es fast gar nichts mehr kosten.

I: Wieso das?

N: Es laufen gerade sehr vielversprechende Untersuchungen und Entwicklungen mit Raumenergie. Eine unserer Gemeinden hat da schon ein Großprojekt laufen. Die beheizen damit ihre Gewächshäuser.

I: Ja, habe ich schon gehört.

N: Wenn das ausgereift ist, wird der gesamte öffentliche Strom viel billiger, und dann soll es auch solche Geräte für den Eigenverbrauch geben. Daraufhin habe ich unser Haus damals schon konzipiert. Der Kachelofen ist eigentlich nur für den Übergang gedacht und für seltene Anlässe, an denen man einmal das Vergnügen eines Holzfeuers genießen will.

I: Machen die anderen Leute das auch so?

N: Die, die neu bauen, schon. Obwohl es immer noch einige gibt, die sich eine Ölheizung einbauen. In den alten Häusern sind meist noch Ölheizungen vorhanden.

Für die Übergangszeit nutzen wir moderne Herstellungsverfahren für Heizöl und Diesel.

I: Ist das diese Pyrolyse, die ich an einer Tankstelle gesehen habe?

N: Ja, genau. Pyrolyse ist ein Verfahren, durch das langkettige Kohlenwasserstoffe, z.B. aus Kunststoff, Reifen oder ähnlichem unter Temperatureinwirkung gecrackt werden. Dieses Verfahren wird in einer unserer Gemeinden in großem Maßstab angewandt, um Heizöl und Diesel zu erzeugen.

I: Deshalb ist der billiger?

N: Ja, das übrige Benzin und Heizöl müssen wir kaufen. Wir bekommen es zwar direkt und steuerfrei aus Übersee. Aber die Eigenproduktion aus Plastikabfällen ist noch mal billiger.

I: Ich habe auch noch Öl. Aber ich will auf CO_2-neutrale Methoden umstellen.

N: Ach, glaub' doch dieses Märchen nicht. Wegen der CO_2-Geschichte würde ich keine müde Mark ausgeben.

I: Wieso Märchen? Die Klimaerwärmung ist doch offensichtlich!

i
S. 157

N: Aber nicht wegen CO_2. Wenn Du willst, widerlege ich Dir diese Theorie ganz einfach und für jeden nachvollziehbar.

I: Ok, schieß' los!

N: Die Argumentation für den Treibhauseffekt läuft so:
1. Das normale sichtbare Sonnenlicht trifft relativ ungefiltert auf die Erdoberfläche und erwärmt sie. Hier spielen die infrarot-aktiven Moleküle noch keine Rolle.
2. Die erwärmte Erdoberfläche strahlt Wärmestrahlung – d.h. Infrarotstrahlen – wieder zurück in den Weltraum.
3. Diese Infrarotstrahlen werden nun von infrarot-aktiven Molekülen in der Luft absorbiert und zu einem gewissen Teil wieder zurück zur Erdoberfläche gestrahlt. Infrarot-aktive Moleküle sind beispielsweise CO_2 und in noch viel stärkerem Maße Wasser, H_2O.

4. Dadurch erwärmt sich die Erdoberfläche noch mehr.

5. Wenn wir jetzt also einen Teil der Luft durch Wasser ersetzen, dann läuft alles genauso ab, nur sind viel mehr infrarot-aktive Moleküle da, die die Wärmeabstrahlung viel stärker zurückstrahlen. Also ist der Treibhauseffekt größer, und der Boden darunter wird viel wärmer.
Das war's.

I: Wieso war's das?

N: Warst Du schon einmal an einem heißen Sommertag an einem See mit Sandstrand? Sobald man vom heißen Sand ins Wasser geht, müsste der Sand noch heißer werden.

I: Wieso heißer?

N: Na, weil durch die vielen Wassermoleküle der Treibhauseffekt unter Wasser angeblich viel stärker ist als in der Luft mit den paar CO_2-Molekülen.

I: Ok, verstehe. Das war's.

N: Ja, Schachmatt in 5 Zügen!

I: Da muss aber doch irgendwo ein Haken sein. So blöd sind die ganzen Wissenschaftler ja wohl auch nicht.

N: Mit der CO_2-Geschichte kann man viel Geld verdienen und viel öffentlichen Druck machen. Du musst Dich einmal eingehend informieren. Dann findest Du ganz andere Meinungen und auch wissenschaftliche Untersuchungen.
Wir haben hier an der Akademie selbst schon ein paar hochkarätige Klimatologen gehabt. Die haben etwas ganz anderes präsentiert. Im wesentlichen kehrt die Erde jetzt zu einem alten Gleichgewicht zurück, aus dem sie vor ein paar Tausend Jahren durch globale Naturkatastrophen herauskatapultiert wurde. Das wäre auch so, wenn es gar keine Menschen, Autos, Fabriken, Heizungen oder Kühe gäbe.

I: Und davon weiß niemand etwas!?

N: Hier wissen das die meisten. Wir haben ein anderes Informationssystem als Ihr.

In diesem Augenblick kommen Sabine und Beatrice raus zu uns und spielen an der Schaukel.

S: Na, Ihr zwei. Habt Ihr Euch die Köpfe heiß geredet?

I: Ich habe das Gefühl, meiner kocht schon,

erwidere ich lachend.

I: Aber es ist einfach sehr interessant. Ich bin wirklich gottfroh, dass ich hier die Möglichkeit habe, alle meine Fragen los zu werden.

S: Ja, Norbert ist dafür ja auch ein kompetenter Gesprächspartner.

I: Warum machst Du das eigentlich?

wende ich mich an Norbert.

I: Das wollte ich Dich schon die ganze Zeit mal fragen. Ich meine, Du nimmst Dir sehr viel Zeit für mich, obwohl wir uns eben erst kennen gelernt haben.

N: Das mache ich einfach gerne. Es macht mir Spaß, unsere Errungenschaften vorzustellen. Ich bin einfach stolz auf unsere Stadt, unser Land und auf alles, was wir in der kurzen Zeit gemeinsam erreicht haben – und zeige es deshalb gerne anderen.

I: Das klingt ja fast schon nach so etwas wie Nationalstolz.

N: Ja, wenn Du es so nennen willst. Darf ein Volk nicht stolz auf seine Errungenschaften sein?

I: Naja, bei uns Deutschen hat das eben einen ganz üblen Nachgeschmack.

N: Wegen Ereignissen zu Zeiten unserer Großväter, außerdem zu Kriegszeiten. Es ist gut, sich der Vergangenheit bewusst zu sein, vor allem auch der schlechten Dinge. Aber es ist nicht gut, wenn ein ganzes Volk noch 70 Jahre danach seines Selbstbewusstseins und seiner Identität beraubt ist.

I: Was meinst Du mit „Identität beraubt"?

N: Wir Deutschen werden heute generell an den Gräueltaten des Nazi-Regimes festgemacht, wir machen uns sogar selbst daran fest. Dabei haben wir und unsere Väter und Großväter nicht nur Schlechtes getan. Und wir waren auch beileibe nicht die einzigen, die damals Gräueltaten vollbracht haben. Aber wir sind zum Sündenbock der Welt auserkoren worden, und zwar schon weit vor dem 2. Weltkrieg, eigentlich bereits vor dem 1. Weltkrieg. Es gab große und mächtige internationale Interessengruppen, die Deutschland letztlich in diese Position und Rolle hineinmanövriert haben. Und die Deutschen haben mitgemacht, und machen bis heute mit.

I: Wie meinst Du das?

N: Na, wusstest Du zum Beispiel, dass Hitler und die NSDAP maßgeblich vom internationalen Bankenkartell finanziert wurden?

I: Hm, nein. Klingt wieder nach einer Verschwörungstheorie.

N: So wie alles, was nicht ins Bild passt. Bisher wurde die jüngere Geschichte uns immer von den Siegermächten aus deren Blickwinkel erzählt, und so haben wir sie in der Schule gelernt und verinnerlicht.
Wir haben an der Akademie begonnen, alles noch einmal ganz objektiv aufzurollen. Es ist interessant, welche Widersprüche und Ungereimtheiten sich da auftun. Ich denke, dass sich ein viel vielschichtigeres Bild ergeben wird, wenn die Archive nach und nach geöffnet werden. Und das wird auch wieder ein verändertes Bild auf uns Deutsche werfen. Aber als allererstes müssen wir unsere staatliche Souveränität wieder gewinnen.

I: Was soll das heißen?

N: Sag bloß, Du weißt nicht, dass Ihr gar keinen Staat habt?

I: Ich verstehe nicht ...

N: Ja, entschuldige. Für mich ist das schon seit so vielen Jahren klar, dass ich manchmal ganz vergesse, dass die meisten draußen immer noch nicht wissen, dass die BRD kein Staat ist.

i
S. 183

I: Was denn dann?

N: Die BRD ist ein Besatzungskonstrukt, das von den Besatzungsmächten nach dem Krieg geschaffen wurde, um das besetzte Land besser verwalten zu können. Das ist sozusagen eine vom Oberbefehlshaber der Besatzungstruppen gegründete Firma – kein Staat.

I: Das gibt's doch nicht!

N: Doch! Ihr seid immer noch besetztes Gebiet. Es gibt und gab keinen Friedensvertrag, kein völkerrechtlich wirksames Dokument, das irgend etwas anderes bestimmt hätte.

I: Und die Bundesregierung, der Bundestag, das Grundgesetz?

N: Alles nur Teil Eurer Besatzungsverwaltung, keine staatlichen Strukturen! Das Grundgesetz ist keine Verfassung. Es wurde von der Bevölkerung nicht per Abstimmung angenommen. Das steht sogar im Grundgesetz selbst drin.

i
S. 179

I: Na, da bin ich aber platt. Was ist denn dann der rechtliche Status von Deutschland?

N: Das Deutsche Reich existiert nach wie vor. Es wurde nicht beendet, ist aber mangels Amtsträger nicht funktionsfähig. Im Gegensatz zur BRD ist das Königreich Deutschland ein völkerrechtlich korrekter deutscher Staat mit gültiger Verfassung.

I: Und die Gesetze?

N: Da die BRD kein Staat ist, sondern quasi eine Firma, kann sie keine Gesetze erlassen. Sie kann sozusagen nur Verträge mit ihrem Personal machen. Solange Du also Personal der BRD bist, was durch Deinen Personal-Ausweis bescheinigt wird, unterliegst Du den Regeln, die die BRD aufgestellt hat.
Aber selbst hier gibt es einige Widersprüche. So hat ja das sogenannte Bundesverfassungsgericht das Bundestagswahlsystem für grundgesetzwidrig erklärt. Dieses System war aber seit 1957 in Kraft. Somit sind alle Bundestagswahlen seit 1957 grundgesetzwidrig gewesen, und damit natürlich auch die Bundesregierungen und die beschlossenen Gesetze. Trotzdem werden diese Gesetze weiter angewandt.
Weiterhin werden Gesetze angewandt, die zwischen 1933 und 1945 erlassen wurden. Diese Gesetze haben die Alliierten aber nach der Kapitulation der Wehrmacht für nichtig erklärt.

Es herrscht rechtlich ein absolutes Kuddel-Muddel. Eine wirkliche Rechtsstaatlichkeit ist deshalb schon formal gar nicht möglich.

I: Wieso weiß das niemand?

N: Och, das wissen mittlerweile eine ganze Menge Menschen. Man braucht z.B. nur im Internet in dem internationalen Firmenverzeichnis von Dun & Bradstreet zu suchen und findet dort die BRD unter ☞ dem eingetragenen Firmennamen „Bundesrepublik Deutschland" s. *195* mit Unternehmensnummer und allem drum und dran.
Dort findest Du übrigens auch die Deutsche Bundesbank und die EZB und die FED, um auf unser Thema von vorhin zurückzukommen.

I: Ach, war es das, wovon Du vorhin meintest, es führe zu weit?

N: Ja. Wenn die BRD, die kein Staat, sondern eine Firma ist, eine „staatliche" Bank führt, die Deutsche Bundesbank, die wiederum Anteilseignerin der EZB ist, wem gehört dann letztlich das alles, und wer hat dann wirklich das Sagen?

I: Ja, jetzt verstehe ich. Ich verstehe aber nicht, warum sich das einfach alle so gefallen lassen.

N: Tatsache ist, dass die Behörden einfach so weiter machen, als wäre nichts gewesen. Wenn sich jemand auf diese tatsächliche Rechtssituation beruft, wird er ignoriert. Das System wendet einfach die faktische Macht an, die es nun einmal hat, und spätestens wenn der Gerichtsvollzieher mit einem Vollstreckungsbescheid vor der Tür steht, dann muss die Gebühr oder das Bußgeld oder was auch immer bezahlt werden, auch wenn es nie eine reale rechtliche Grundlage dafür gab.
Aber ich würde sagen, wir gehen wieder ins Haus.

Es wird langsam frisch, und so ziehen wir uns wieder nach drinnen auf die Couch zurück. Sabine bringt uns noch einige Getränke, und wir setzen unsere hochinteressante Unterhaltung fort.

I: Also ist die BRD gar kein Rechtsstaat?

N: Aus Sicht des Völkerrechts ist die BRD kein Staat, und damit sind alle Gesetze, die sie erlassen hat und mit denen sie operiert, nichtig.

Aber selbst an diese eigenen Gesetze hält sie sich nicht. Du glaubst gar nicht, was wir zum Teil erlebt haben, bevor die BRD das Königreich faktisch anerkannt hat. Die haben alle Mittel angewandt, um das Projekt kaputt zu machen.

Zuerst wurde alles totgeschwiegen. Als der Zulauf dennoch immer größer wurde, wurde es lächerlich gemacht. Die hatten extra dafür Internetportale erstellt, in denen hämisch-sarkastisch-polemisch über uns hergezogen wurde. Das Ziel war einfach, dass sich niemand trauen sollte, sich öffentlich zu der Sache zu bekennen, weil er sonst dem allgemeinen Spott anheim fallen würde.

Als auch das nichts nützte, wurden sie massiv. Da kamen riesige Polizeiaufgebote und veranstalteten Razzien mit fadenscheinigen richterlichen Befehlen und beschlagnahmten erst einmal alles, was sie bekommen konnten. Ob das rechtens war oder nicht, kümmerte sie wenig. Das Ziel war ja nicht Gerechtigkeit, sondern Zerschlagung. Sie hofften wohl, dass von solchen Aktionen genügend abschreckende Wirkung ausgehen würde, dass irgendwelche Richtersprüche am Ende nicht mehr relevant wären. So nach dem Motto: Wenn erst einmal alles zerschlagen ist, dann können wir uns ruhig für unsere Rechtsbrüche entschuldigen.

I: Und Ihr habt trotzdem durchgehalten?

N: Ja, nicht nur das. Je mehr Repressalien angewandt wurden, desto größer wurde die Unterstützung und der Rückhalt in der Bevölkerung. Und dann schließlich, als unsere Stadt ins Königreich gewechselt ist, dann konnten sie nicht mehr anders.

I: Wie habt Ihr das geschafft?

N: Den Wechsel?

I: Ja.

i

S. 177

N: Nun, eigentlich ist das ein relativ simpler Vorgang. Jede Gemeinde kann das tun. Wir haben ja in Europa das Subsidiaritätsprinzip, nach dem sämtliche hoheitlichen Aufgaben von der untersten Organisationsebene übernommen werden können und sogar sollten, wenn es nicht mit erheblichen Hürden verbunden ist. Diese unterste Ebene ist die Gemeinde.

Außerdem ist einer der im Strafgesetzbuch niedergelegten Verfassungsgrundsätze der BRD die Ablösbarkeit der Regierung und ihre Verantwortlichkeit gegenüber der Volksvertretung. **i** S. 181

Diese beiden Prinzipien haben wir angewandt und haben im Stadtrat den Antrag gestellt, für unsere Stadt die Regierung abzulösen und für uns eine neue Regierung zu bestimmen, nämlich die des Königreichs. Das wurde im Stadtrat zunächst einmal abgelehnt, sorgte aber für Diskussionen und erhebliches Interesse in der Bevölkerung.

Unsere Stadt war damals sehr stark verschuldet, außerdem gab es starke Bürgerinitiativen für eine neue Schule nach dem Schetinin-System und für stärkere Umweltschutzmaßnahmen wegen einer Fabrik in der Stadt. Deshalb sahen wir eine gute Chance, eine Mehrheit der Bevölkerung für das Projekt zu gewinnen, und so veranstalteten wir eine Unterschriftensammlung für ein Bürgerbegehren, das zum Inhalt hatte, einen Bürgerentscheid zu veranstalten.

I: Entschuldige, ich habe mich mit diesen Dingen noch nicht viel beschäftigt. Was ist der Unterschied zwischen einem Bürgerbegehren und einem Bürgerentscheid?

N: Ein Bürgerbegehren ist quasi ein Antrag an den Stadt- oder Gemeinderat, die Wahlberechtigten über eine bestimmte Frage per Mehrheitsabstimmung entscheiden zu lassen. Diese Abstimmung ist dann der Bürgerentscheid.

I: Und das habt Ihr durchgekriegt?

N: Ja, der Bürgerentscheid wurde durchgeführt, und die Mehrheit der Stimmberechtigten stimmte dafür.

I: Und dann habt Ihr einfach der Bundesregierung und der BRD **i** Tschüs gesagt? S. 191

N: Sozusagen. Es gab natürlich noch einiges Hin und Her, aber die rechtliche Situation ist nun einmal so, wie sie ist. Wenn eine bestehende Gemeinde als Gebietskörperschaft des öffentlichen Rechts **i** Gebrauch von ihren Rechten nach den Verfassungsgrundsätzen S. 181

macht, dann müsste man schon als offene Diktatur auftreten, um das zu unterbinden.

Hier kamen dann auch einige Dinge zum Tragen, die Peter schon immer gesagt hatte, was wir aber erst jetzt so richtig erleben konnten ...

Auf meinen fragenden Blick hin ergänzt er:

N: Peter ist unser Staatsoberhaupt.

Er hatte von Anfang betont, dass es nicht darum geht, das bestehende System zu verteufeln oder zu bekämpfen, sondern darum, etwas Neues, Besseres aufzubauen, das dann irgendwann das Alte ablösen kann. Er sagte sogar immer, dass das bestehende System das beste sei, das wir bisher hatten. Es hat uns Frieden und Wohlstand gebracht – und die Möglichkeit geschaffen, ganz legal, im Einklang mit den bestehenden Gesetzen etwas Neues aufzubauen. Dieser friedliche Wechsel zu einem neuen System, den wir hier jetzt vollzogen haben, war offenbar gewollt.

I: Gewollt?

N: Ja. Betrachte doch nur die immer wiederkehrenden Hinweise auf den provisorischen Charakter des Grundgesetzes oder der BRD als staatsähnliche Struktur. Die Väter des Grundgesetzes wollten keine Verfassung und keinen Staat, sie wollten die Tür offen halten für eine große ganzheitliche Erneuerung. Auch die nachfolgenden Regierungen haben immer wieder die entsprechenden Möglichkeiten in die Gesetze eingebaut.

Wenn das nicht so wäre, hätten wir keinen friedlichen legalen Wechsel vollziehen können.

I: Und warum gab und gibt es dann so viel Widerstand?

N: Weil viele sich mittlerweile mit dem bestehenden Provisorium identifiziert haben und keine Veränderung mehr wollen. Vor allem die mittleren und kleinen Beamten, die selbst nicht so den Überblick über die Zusammenhänge haben, sind diejenigen, die uns Ärger gemacht haben. Dabei geschah das paradoxerweise ja nicht dadurch, dass sie die bestehenden Gesetze befolgt, sondern indem sie sie gebeugt haben.

In den oberen Führungsetagen waren uns einige schon lange positiv gestimmt. Das hat Peter immer wieder betont. Auch bei der BaFin, dem verlängerten Arm des Bankenkartells der elitären Familienclans, gab es sicherlich einige, die sich bewusst waren, dass unser Projekt positiv war. Doch sie steckten in ihren Strukturen fest und waren an Weisungen gebunden.

Aber ansonsten waren und sind die ganz oben sich genauso der Missstände und Fehlentwicklungen bewusst, und sogar in Amerika suchen einige eine Lösung für den unhaltbaren Status Deutschlands, wissen nur nicht, wie.

Vielleicht ist es ja die Aufgabe Deutschlands, auch für andere eine Erneuerung einzuleiten. Immerhin sind die Deutschen die einzigen in Europa, die nicht an die EU-Verträge gebunden sind.

I: Warum das denn?

N: Weil keine völkerrechtlich legitimierte deutsche Regierung oder Volksvertretung sie ratifiziert hat.

I: Du meinst, weil die BRD kein Staat ist?

N: Ja. Wir Deutsche haben also die legale Möglichkeit, dieses ganze Konstrukt der EU, die viele mittlerweile eher als einen Alptraum empfinden, noch einmal ganz neu aufzurollen und anzugehen – nicht nur für uns, sondern für alle Europäer.

Das erinnert mich an einen Satz, den ein Philosoph im 19. Jahrhundert geschrieben hat: „Das gründliche Deutschland kann nicht revolutionieren, ohne von Grund aus zu revolutionieren. Die Emanzipation des Deutschen ist die Emanzipation des Menschen" (Karl ☞ Marx).

[5]

Das war damals in einem anderen Zusammenhang, aber dieser Satz ist heute vielleicht gültiger denn je.

I: Du gibst dem Ganzen also eine globalere Bedeutung?

N: Ja und nein. Die ganz direkte Bedeutung ist das Wohl der Bürger in jeder Gemeinde, so wie bei uns in Talweis. Wenn das aber funktioniert und wir somit beweisen, wie es anders und besser geht, warum soll das dann auf unsere Gemeinde oder unser Land begrenzt bleiben?

Du siehst ja an der aktuellen Flüchtlingsproblematik, wie falsch und kurzsichtig die Politik war, sich nur um das Wohlergehen zu Hause zu kümmern, und dafür andere zu benachteiligen, auszunutzen oder gar zu schädigen.

Peter hat nicht umsonst schon eine Charta für Erneuerte Vereinte Nationen geschrieben.

☞

[6]

I: Was war denn die Rolle von Peter bei den ganzen Vorgängen?

N: Peter war ja der eigentliche Initiator des ganzen Projekts. Er hatte schon vor Jahren die Vision, kannte auch die rechtliche Situation bestens, alle Lücken und Kniffe. Ich glaube, er kannte Paragraphen, die vor ihm noch kaum jemand richtig gelesen hatte.

I: Ist er Jurist?

N: Nein, eben nicht. Er ist ein totaler Selfmademan. Aber er hatte den richtigen Riecher und vor allem das unerschütterliche Vertrauen in sich selbst. Irgendwie schien er zu wissen, dass all das das Richtige war und dass es jetzt dran war und er es zum Erfolg führen würde. Das gab uns allen viel Kraft und Zuversicht, auch in Zeiten, wo eigentlich kaum ein Licht am Horizont zu sehen war.
Er hatte auch den Mut, rechtliches Neuland in der BRD dadurch umzupflügen, dass er eine ganze Reihe von Gerichtsverfahren provozierte, um verschiedene Dinge gerichtlich klären zu lassen. Sogar Gefängnisaufenthalte nahm er dafür in Kauf. Aber letztendlich konnte dadurch mit vielen Verfahren schließlich auch in der BRD Rechtssicherheit gegenüber unseren Projekten erreicht werden. Da haben wir ihm wirklich viel zu verdanken.

I: Aber ist das dann nicht doch ein bisschen zu Ego-betont, dass er sich gleich zum König gekrönt hat?

N: Hat er ja gar nicht! Eigentlich hatte er von Anfang an eine demokratische Räterepublik geplant und wollte das über eine andere rechtliche Möglichkeit realisieren. Er versuchte nämlich, eine Körperschaft öffentlichen Rechts zu gründen, die dann ganz legal nach BRD-Recht eine eigene innere rechtliche und organisatorische Struktur aufgebaut hätte. Damit wäre sie in der Lage gewesen, eine eigene Ordnung zu schaffen, eigene echte Ämter zu vergeben und sogar eigene Steuern zu erheben. So wäre diese Struktur nach BRD-Recht ebenfalls nicht angreifbar gewesen. Für dieses Projekt hätte er jedoch mindestens 80.000 Mitglieder benötigt, und daran ist es gescheitert.

I: Es ist an 80.000 Mitgliedern gescheitert? Bei all dem, was ich hier gesehen und erfahren habe, kann ich mir nicht vorstellen, dass sich bei einem Land unserer Größe dafür nicht mindestens 80.000 Menschen begeistern können.

N: Ja, aber daran ist es gescheitert. Die Menschen konnten es sich damals nicht vorstellen. Mehr als ein paar Tausend ließen sich beim besten Willen nicht gewinnen.
Natürlich hätte Peter noch einige Jahre weiter daran arbeiten können, er fühlte aber einen erheblichen Zeitdruck durch die immer bedrohlicher werdende wirtschaftliche Situation. Wenn es zum Euro-Crash oder zum Kollaps des Weltwirtschaftssystems gekommen wäre, ohne dass eine funktionierende alternative Struktur verfügbar war, dann wäre alles im Chaos versunken. Und aus dem Chaos ein neues System entstehen zu lassen – das ist sehr, sehr schwer.
So entschloss er sich schließlich schweren Herzens, mit den wenigen Leuten, die da waren, den Staat zu gründen. An ein aufsteigendes Rätesystem mit Gemeinderäten, Regionalräten, Bezirksräten bis zum Staatsrat war so aber mangels Menschen nicht zu denken. Eine Staatsgewalt war jedoch nötig, um die Kriterien für einen Staat zu erfüllen. Ja, und so entstand die Idee eines Königreichs. Wir sind zwar auch eine Demokratie, da der König im wesentlichen nur das repräsentative Staatsoberhaupt ist, aber bis das ganze System vollständig aufgebaut ist, wird die Regierung von einem Obersten Souverän übernommen – und zu diesem wurde Peter von den Gründungs-Souveränen gewählt.

i *S. 175*

I: Also ist er weder König, noch hat er sich selbst gekrönt.

N: Genau.

I: Das ist ja extrem spannend.
Aber wenn wir gerade beim Recht sind. Wie ist das denn bei Euch mit Recht und Gerichten? Ich meine, auch hier wird es doch immer wieder zu Problemen kommen, die vor Gericht enden …

N: Ja, selbstverständlich. Es können immer wieder irgendwelche Missverständnisse und Meinungsverschiedenheiten entstehen, die sich anders nicht klären lassen. Und trotz des Wechsels wurden ja die Menschen nicht ausgewechselt. Es gibt einige, die sich ihr ganzes Leben daran gewöhnt haben zu tricksen, auch auf Kosten anderer, und die kommen schon immer wieder in strittige Situationen.
Aber generell ist die Anzahl der Gerichtsverfahren drastisch zurück gegangen. Dazu kommt noch, dass die Verfahren selbst auch kürzer und unkomplizierter geworden sind.

I: Woran liegt das?

N: Das liegt vor allem an dem neuen Rechtsverständnis. Bei uns gilt als oberster Grundsatz: Gerechtigkeit steht über dem geschriebenen Recht. D.h. bei allem, was gemacht und entschieden wird, geht es um Gerechtigkeit und nicht um die Auslegung von Paragraphen.
Die größte Zahl von gerichtlichen Streitigkeiten dreht sich bei Euch doch um Paragraphen, die der eine so auslegt und der andere anders, oder um Paragraphen, von denen der eine nichts wusste, die der andere aber geschickt zu seinem Vorteil nutzt, nach dem Grundsatz: Unwissenheit schützt vor Strafe nicht. Wenn das zu Ungerechtigkeiten führt, dann sind bei uns solche Paragraphen letztlich nicht ausschlaggebend.

I: Wo ist dann aber die Rechtssicherheit, wenn man sich gar nicht auf die Paragraphen verlassen kann?

N: Die Rechtssicherheit liegt in dem Bewusstsein, gerecht zu sein, rechtmäßig zu handeln. Paragraphen können hierbei einen gewissen Fingerzeig liefern. Aber man kann nicht jede nur mögliche Situation durch Paragraphen abdecken. Das haben die Rechtskundler der letzten Jahrhunderte doch versucht, und sie haben nichts als einen unüberschaubaren Berg von Paragraphen produziert, den kein einzelner Mensch mehr kennen kann. Die Rechtssicherheit ist dadurch nicht gewachsen, eher im Gegenteil.
Es gibt nun einmal ständig Vorgänge, die für jeden ganz klar ungerecht sind, obwohl sie voll im Einklang mit den Paragraphen stehen, und die deshalb noch einen Zusatzparagraphen als Ausnahmeregelung erforderlich machen.

I: Oh ja, das kenne ich zur Genüge.

N: Deshalb ist im Königreich auch das Vertragsrecht auf vollständig neue Füße gestellt worden. Wir haben Schluss gemacht mit den unüberschaubaren Vertragswerken, in denen versucht wird, jede nur erdenkliche Eventualität durch einen Paragraphen abzudecken, wo dann aber am Ende doch einer der Partner ein winziges Schlupfloch bzw. ein schlau konstruiertes Schema findet, mit dem er seinen Vertragspartner ganz „legal" übers Ohr hauen kann.

I: Ich kenne sogar Fälle, wo diese Schlupflöcher schon beim Erstellen des Vertrags bewusst mit hineinkonstruiert wurden.

N: Genau. Und wenn der andere Partner nicht genauso hinterhältig denkt und somit den Vertrag unterschreibt, dann ist er in die Falle gegangen.

I: Und wie macht Ihr das dann?

N: Bei uns besteht ein Vertrag im Prinzip nur aus drei überschaubaren Teilen:
Im ersten Teil stellt der eine Partner dar, was er als Ergebnis des Vertrages anstrebt, im zweiten Teil tut dies der andere Partner ebenso, und im dritten Teil bestätigen beide mit ihrer Unterschrift, dass sie sich verpflichten, das angestrebte Ergebnis des jeweils anderen zu verwirklichen, und welche Mittel sie dafür ergreifen wollen.

I: Das ist alles?

N: Ja, so einfach ist es. Wie die beiden nun an die Sache rangehen, ist gar nicht bedeutsam, so lange am Ende jeder sein angestrebtes Ergebnis realisiert hat und zufrieden ist.

I: Und wenn das nicht der Fall ist?

N: Wenn das nicht der Fall ist, dann wird der Unzufriedene zunächst natürlich bei dem anderen die Erfüllung seiner Verpflichtung reklamieren. Wenn der aber meint, alles richtig gemacht zu haben, dann kann der Unzufriedene vor Gericht gehen. Und dort wird einfach der erreichte Status Quo mit dem angestrebten und vertraglich vereinbarten Ergebnis der beiden verglichen. Die Defizite werden herausgearbeitet, und es wird untersucht, ob der andere Partner für das Defizit des Unzufriedenen verantwortlich ist oder ob es unabhängige Gründe dafür gibt. Auf dieser Grundlage fällt der Richter dann sein Urteil.

I: Unglaublich!

Mir fehlen wirklich die Worte, so einfach wie das ist.

Gleichzeitig muss ich an Verträge denken, die ich schon geschlossen habe. Bei einigen war so viel Kleingedrucktes dabei, dass ich es gar nicht gelesen habe. Bei anderen habe ich es zwar gelesen, wusste aber dennoch nicht wirklich, was ich da jetzt eigentlich unterschrieb.

Plötzlich bemerke ich, dass Sabine und Beatrice gar nicht mehr da sind. Sie müssen während unseres Gesprächs den Raum verlassen haben.

Ein Blick auf die Uhr gibt mir ein richtig unbehagliches Gefühl.

I: Es ist jetzt doch schon ganz schön spät geworden. Ich möchte Euch nicht den ganzen Sonntag stehlen.

N: Du hattest doch noch Fragen, die Du notiert hast. Die können wir ja noch durchgehen.

I: Ja, stimmt. Die meisten haben sich jetzt schon im Lauf des Gesprächs aufgelöst. Aber ein paar sind doch noch übrig.

Ich krame nach meinem Zettel und gehe sie einzeln durch.

I: Ah ja! In der gestrigen Stadtratssitzung wurden Leute genannt, die eine Bürgerprüfung bestanden hatten. Was hat es damit auf sich?

N: Das ist relativ einfach. Im Königreich gibt es drei Stände: Volk, Bürger und Deme. Die höheren Stände stehen zwar jedem offen, aber man muss sich für sie qualifizieren.

I: Was bedeuten die Stände?

N: Sie drücken den Grad des Engagements für das Gemeinwesen aus. Bürger und Deme haben das aktive und passive Wahlrecht.

I: Das heißt, alle anderen dürfen nicht wählen?

N: Ja, erst wenn sie die Bürgerprüfung abgelegt haben.

I: Aber das ist doch dann keine wirkliche Demokratie!

N: Ich würde sagen, das ist eine bessere Demokratie. Schau Dich doch um in der Welt. Überall haben alle dasselbe Stimmrecht, ob sie von Politik oder Wirtschaft oder Ökologie oder anderen Themen etwas verstehen oder nicht, ob sie sich dafür interessieren und damit beschäftigen oder nicht.

Was soll der Unsinn mit den Wahlplakaten und selbst mit dem Wahlkampf? Wenn sich danach das Verhalten der Wähler richtet, dann ist es kein Wunder, dass alle Demokratien in der Krise stecken. Wer sich nicht für Politik interessiert und nicht ein Mindestmaß an Verständnis für die Zusammenhänge besitzt, der sollte nicht wählen gehen. Wer aber dieses Interesse hat, für den ist es kein Problem, die Bürgerprüfung abzulegen und damit das Wahlrecht zu erwerben.

I: Von diesem Standpunkt aus habe ich das bisher noch nicht betrachtet.

N: Solltest Du mal tun. Ich sage Dir, bei uns hat die Zeit vor Wahlen ein ganz anderes Niveau als früher. Da geht es wirklich um inhaltliche Fragen und nicht um das Lächeln des einen oder die Schmutzwäsche des anderen.

I: Ihr habt keine Parteien?

N: Nein, Parteien sind der Tod der Demokratie. Bei Euch steht im Grundgesetz, dass die Bundestagsabgeordneten in allgemeiner, unmittelbarer, freier, gleicher und geheimer Wahl gewählt werden, und dass sie nicht an Weisungen gebunden sind. Und was geschieht tatsächlich? Die Hälfte der Abgeordneten wird nicht unmittelbar gewählt, sondern sie werden von der Partei entsandt, auf deren Liste sie stehen. Also wählt Ihr eine Partei, und die wählt dann für Euch die Abgeordneten aus. Und die sind dann an die „Parteidisziplin" gebunden. Was sind das denn bitte anderes als Weisungen?

Und so wird bei einer Landtagswahl oder Gemeinderatswahl jemand gewählt, nur weil er in derselben Partei ist wie der Bundeskanzler, mit dem man gerade zufrieden ist, oder umgekehrt. Dabei hat der eine mit dem anderen überhaupt nichts zu tun.

Nein, so etwas gibt es bei uns nicht. Bei uns wird jedes Gemeinderatsmitglied persönlich gewählt und ist dann allein seinem Gewissen gegenüber verantwortlich.

I: Das bringt sicherlich auch ganz andere Politiker hervor?

N: Allerdings. Bei uns ist vor allem die Integrität als Mensch entscheidend. Es kann sich ja auch niemand hinter irgendwelchen Partei-
beschlüssen oder ähnlichem verstecken.

I: Ok. Nächste Frage: Auf der Stadtratssitzung kam eine Frage wegen einem Pensionshaus. Was ist das?

N: Das ist ein Projekt unseres Rentensystems, der Deutschen Rente.
Sie baut mit den Beiträgen, die die Versicherten jeden Monat ein-
zahlen, altersgerechte Häuser mit mehreren kleinen Mieteinheiten
und einem Gemeinschaftsbereich, eben die Pensionshäuser. Sobald
jemand in Rente geht, erhält er eine Wohnung in einem solchen
Pensionshaus kostenlos zu seiner Verfügung. Das ist dann quasi die
Rente, die er erhält, plus noch einen Geldbetrag, der sich an seinen
Bedürfnissen orientiert.

I: Und wenn er schon ein Haus hat?

N: Dann kann die Wohnung, die ihm zusteht, anderweitig vermietet
werden, und er erhält die Einnahmen daraus. Das System ist ja
noch ziemlich neu. Sobald die ersten Häuser stehen, werden auch
normale Mietshäuser gebaut, die dann an Familien vermietet werden können, damit hier eine große Flexibilität entsteht.

I: Und irgendwann ist das ganze Land mit Häusern zugepflastert?

N: Nein, natürlich nicht. Irgendwann sind genug Häuser da, und bei
der nachhaltigen Bauweise, die hier angewandt wird, halten die ja
dann mehrere Generationen. Dann wird nur noch Erhaltungsauf-
wand nötig sein, und dementsprechend werden die Beiträge der
Deutschen Rente gesenkt werden. Auf diese Weise wird sich in
wenigen Jahren ein sehr kostengünstiges Rentensystem mit hoher
Lebensqualität für die älteren Leute realisieren lassen.

I: Wie habt Ihr es eigentlich geschafft, in so kurzer Zeit nach dem
Wechsel schuldenfrei zu werden?

N: Oh, das war ganz einfach.
Die Leute haben ja nach dem Wechsel begonnen, Euros in Mark
umzutauschen. Zunächst waren sie zwar noch etwas zögerlich, aber

als jeder im Schnitt ca. 15% seines Euro-Vermögens umgetauscht hatte, lagen auf der Reichsbank genug Euros, um die gesamten Schulden der Stadt auf einen Schlag zu tilgen – und das, ohne dass irgendjemand irgendwelche Abstriche hätte machen müssen. Denn die Leute hatten nach dem Umtausch ja noch dieselbe Kaufkraft wie zuvor.

I: Dasselbe wäre dann wohl in jeder Gemeinde genauso möglich?

N: Na klar. Die Prozentzahl, die umgetauscht werden muss, ist sicherlich unterschiedlich. Das hängt von der Verschuldung der Gemeinde und vom Ersparten der Bevölkerung ab – aber das Prinzip ist überall einfach anwendbar.
Und seit dem Wechsel hat die Stadt so viele neue und stabile Einnahmequellen, dass es dauerhaft kein Schuldenproblem mehr geben wird.

I: Ok. Zwei Fragen habe ich hier noch.
Mir kam es so vor, als gäbe es bei Euch sehr wenig Apotheken. Stimmt das?

N: Das ist eine interessante Frage – gut möglich. Ich weiß nur, dass der Umsatz an Medikamenten in den letzten Jahren enorm gesunken ist. Die Programme der Deutschen Heilfürsorge haben das allgemeine Gesundheitsbewusstsein der Bevölkerung schon ganz schön angekurbelt. Die Selbstverantwortlichkeit in puncto Gesundheit ist dadurch stark gewachsen. Deswegen verwenden die Leute auch immer mehr bewährte Hausmittel und gehen nicht mehr wegen allem sofort zum Arzt oder Apotheker.
Ich schätze mal, dass so viele Apotheken wie früher einfach wirtschaftlich nicht mehr überleben können.

I: Und die letzte Frage: Religion. Wie steht es damit? Ich habe eine Synagoge gesehen, von einer Moschee wurde gesprochen. Wie steht der Staat dazu?

N: Wir haben absolute Freiheit des Glaubens und der Religionsausübung, solange niemand anderes beeinträchtigt wird. Im einzelnen kann das jede Gemeinde auch für sich regeln. Wir haben jetzt eine Gemeinde im Königreich, die fast ausschließlich von Moslems bewohnt ist. Auch dort herrscht Religionsfreiheit gemäß der Verfassung, aber die Menschen dort sind übereingekommen, das öffentliche Leben sehr stark am Islam auszurichten. Warum auch nicht? Von staatlicher Seite aus gibt es da keine spezifischen Vorgaben.

I: Wie verhält es sich an den Schulen, gibt es da Religionsunterricht?

N: Der allgemeine Religionsunterricht an den Schulen zielt eher auf Ethik und eine Bewusstseinserweiterung ab, die letztlich bei jeder Religion sinnvoll ist.
Wir in der Akademie entfernen uns in unserer Öffentlichkeitsarbeit eigentlich etwas von den traditionell kirchlich orientierten Religionen und tendieren mehr zu einer Art Universalreligion. Das kommt auch daher, dass sich bei uns Naturwissenschaft und Religion immer mehr überlappen, dadurch dass wir auch Bereiche naturwissenschaftlich untersuchen, die vorher der Religion oder Esoterik vorbehalten waren, und dass wir andererseits auch sogenannte paranormale Phänomene in naturwissenschaftliche Erklärungsmodelle mit integrieren. Dadurch schwindet insgesamt die Kluft zwischen Wissenschaft und Spiritualität und gleichzeitig kristallisiert sich aber ein immer konkreterer gemeinsamer Kern aller Religionen heraus, sozusagen der Erfahrungskern, den die eine Religion traditionell so beschreibt und benennt und die andere eben anders.
Sobald man erkennt, dass es sich um dieselben Erfahrungen handelt, werden die traditionellen Unterschiede immer weniger relevant, und gleichzeitig gehört ein immer größerer Teil der Spiritualität, der bisher religiös verbrämt war, zum alltäglichen Erfahrungshorizont.

I: Klingt interessant. Aber Gottesdienste und ähnliches gibt es trotzdem noch?

N: Ja selbstverständlich. Jeder ist frei, das zu praktizieren und zu glauben, was er will – auch mit anderen Gleichgesinnten gemeinsam.

I: Norbert, ich danke Dir vielmals, dass Du so viel Zeit und Mühe für mich erübrigt hast. Jetzt ist aber wirklich Deine Familie dran ...

Und wie auf ein Zeichen kommt Beatrice hereingestürmt und springt auf den Schoß ihres Papas.

B: Schau mal, was ich für ein schönes Kleid anhabe.

Sie stellt sich wieder hin und dreht sich anmutig, um ihr Kleid zu demonstrieren.

N: Sehr schön. Hat Mama Dir das gegeben?

B: Ja, wir haben zusammen die Sachen fürs Baby vorbereitet.

Ich stehe auf und gehe auf Sabine zu.

I: Ich möchte mich ganz herzlich für Eure Gastfreundschaft bedanken. Es war für mich sehr interessant, auch wenn ich jetzt Euren ganzen Sonntag durcheinander gebracht habe.

S: Kein Problem, es ist alles in Ordnung. Es freut mich, dass es interessant für Dich war. Norbert ist immer noch der beste Lehrer. Es ist seine Berufung, und die lebt er einfach.

Norbert bringt mich zur Tür. Ich lasse mir von ihm noch kurz erklären, wo ich die Firma von Dieter finden kann, und verabschiede mich herzlich.

Auf dem Weg zurück ins Hotel klingen mir seine Abschiedsworte „Bis demnächst!" noch lange wie eine Verheißung in den Ohren.

Dieses Gespräch heute hat mir so viele neue Impulse gegeben, so viele Möglichkeiten aufgezeigt, an die ich bisher nicht im entferntesten gedacht habe, und gleichzeitig auch so viele weitere Fragen aufgeworfen, dass ich mich geradezu orientierungslos fühle. Was soll ich aus diesen neuen Erfahrungen machen? Ich kann sie ja nicht einfach so in die Schublade stecken wie ein Souvenir von einer Reise.

Viele gegensätzliche Gedanken wirbeln durch meinen Kopf, bis ich irgendwann endlich einschlafe.

Mein Schlaf ist unruhig und wohl auch nicht sehr erquickend, denn als in der Früh mein Wecker klingelt, fühle ich mich wie gerädert. Trotzdem springe ich auf, denn mein Zug geht ja um 8.50 Uhr, und ich will vorher noch den Betrieb von Dieter besuchen.

So packe ich eilig meine Sachen zusammen, gehe zum Frühstück, bezahle und mache mich auf zu der Adresse, die Norbert mir beschrieben hat. Irgendwie muss ich dabei wohl auch noch etwas übersehen haben.

Jedenfalls laufe ich einmal im Kreis, bis ich endlich mit etwas Verspätung an meinem Ziel ankomme.

Es ist ein merkwürdig hektischer Morgen, ich fühle mich gehetzt, so als ob mich ständig jemand zu etwas drängt. Umso erstaunter bin ich, als ich die Firma betrete. Hier ist es so, als ob die ganze Anspannung draußen vor der Tür geblieben ist. Drinnen, in den Büroräumen herrscht eine sehr angenehme Atmosphäre. Woran es liegt, kann ich gar nicht genau sagen.

D: Hallo, guten Morgen.

begrüßt mich da auch schon Dieter, der mich von seinem Büro aus gesehen hat.

I: Guten Morgen. Da bin ich.

D: Schön, freut mich.

I: Ein angenehmes Klima habt Ihr hier.

D: Ja, nicht wahr? Das fällt sofort auf, nicht? Wir haben alles nach Feng Shui eingerichtet. Dadurch werden alle, die hier arbeiten, optimal unterstützt. Es ist so wichtig, dass man sich am Arbeitsplatz wohl fühlt, denn nur so kann man sein volles Potential entfalten.

Er führt mich durch die Büros. Sie sind sehr abwechslungsreich eingerichtet, die Beleuchtung ist angenehm, und im Hintergrund ist leise Musik zu hören.

Dann zeigt er mir den Ruheraum, einen abgedunkelten, schallgedämmten Raum, in dem einige Matratzen liegen.

D: Das hier ist unser Ruheraum. Jeder, der bei der Arbeit einen Müdigkeitsanfall verspürt, ist angehalten, hierher zu kommen und sich ein paar Minuten flach zu legen.

I: Aha! Also während der Arbeitszeit?

D: Wann immer eben die Müdigkeit ihn überkommt. Müdigkeit bedeutet nicht immer unbedingt Schlafbedürfnis. Sie ist oftmals nur ein Signal des Körpers, dass er für irgendwelche Stoffwechselprozesse die waagerechte Lage benötigt. Bekommt er die, dann ist er oft nach wenigen Minuten schon wieder fit. Bekommt er sie aber nicht, dann quält man sich ewig damit herum.

I: Das kenne ich gut. Vielleicht sollte ich das auch mal probieren.

D: Ja, das wirkt wirklich Wunder. Früher ist man dann zur Kaffeemaschine gegangen, um das Problem zu beseitigen. Wir gehen jetzt aber diesen Weg und haben bisher sehr gute Erfahrungen damit gemacht. Die Mitarbeiter fühlen sich viel wohler, sind wacher und konzentrierter bei der Arbeit, und damit unterm Strich leistungsfähiger, auch wenn sie ab und zu für 10 Minuten hierher verschwinden.

I: Ich nehme mal an, das gilt nicht für das Ausschlafen nach einer durchgemachten Nacht!?

D: Natürlich nicht. Wenn nötig, geben wir schon Hinweise, falls jemand auffällig oft oder sehr lange diesen Raum benutzt, aber das kommt selten vor.

I: Also wieder ganz nach dem Vertrauensprinzip?

D: Genau. Der Raum wird auch in der Mittagspause gerne genutzt, um in Ruhe zu verdauen und dann wieder frisch an die Arbeit zu gehen.

I: Wie viele Leute arbeiten hier?

D: Vier in der Fertigung und noch zwei im Büro: ein Konstruktionszeichner für die Planung, eine Halbtagskraft für das Geschäftliche und ein Lehrling.

I: Ach, Ihr bildet auch aus?

D: Ja, Staatsbetriebe sind dazu angehalten, Lehrlinge und Umschüler auszubilden. Ab einer gewissen Betriebsgröße müssen sie es sogar. Ich mache das gern, weil mir mein Beruf Spaß macht und ich davon gerne etwas weitergeben will.

I: Und wie läuft das bei Euch mit der Ausbildung?

D: Ziemlich anders als im alten System.

I: Na, wer hätte das gedacht!

erwidere ich lachend.

D: Bei uns gibt es zum Beispiel keine Berufsschule. Das hat eigentlich nie richtig funktioniert. Berufsschule und Lehrbetrieb haben immer unterschiedliche Interessen verfolgt, und deswegen kam es zu keinem produktiven Austausch.
Die grundlegende Theorie bringen die Leute im allgemeinen von der Schule mit – und das Schöne ist, dass sie es dort auch wirklich verstanden haben. Alles andere erarbeiten sie sich, wenn sie während der Lehre darauf stoßen.

I: Ganz alleine, ohne Hilfe?

D: Nein. Wir sind ja in einem Betrieb mit anderen Mitarbeitern und dem Meister. Und falls es einmal ganz kompliziert wird, hilft die Gilde weiter.

I: Gilde?

D: Ja, wir haben die Handwerksgilden wieder belebt. So wie früher, wo die Gesellen auf die Walz gegangen sind.

I: Sind die da nicht rumgereist?

D: Genau, aber nicht aus Lust und Laune, sondern von Land zu Land, von Baustelle zu Baustelle und von Meister zu Meister. Das hatte den entscheidenden Vorteil, dass man im gleichen Beruf viele unterschiedliche Arbeiten und Arbeitsweisen kennen lernen und ausprobieren konnte. Dadurch sind neue Handwerksmeister entstanden, die besser waren als ihre Vorgänger, da sie deren Wissen in sich vereinen konnten und wiederum weitergegeben haben.
So etwas ist bei einer Lehre in einem einzigen Betrieb mit nur einem Lehrmeister unmöglich. Von einem Einzelnen kann nie das gesamte Wissen in all seiner Vielfalt übertragen werden.

I: Und Ihr habt das wieder eingeführt?

D: Ja. Das fängt bei uns eigentlich schon vor der Lehre an. Denn bei uns werden kurze und mittlere Praktika stark gefördert. Wenn die

Jugendlichen mit der Schule fertig sind, gehen sie in viele verschiedene Betriebe und machen jeweils ein Praktikum, bis sie merken, was ihnen liegt und was sie gerne machen würden. Dann erst beginnen sie eine Lehre.

Dabei gibt es keine feste Lehrzeit. Das macht jeder so kurz oder so lange, bis er eben fertig ist. Pflicht ist aber, dass man in mindestens drei Betrieben gelernt hat – so ähnlich wie die Walz.

I: Gibt das nicht ein Riesen-Durcheinander?

D: Nein, im Gegenteil, das belebt und hält lebendig. So sitzen die jungen Leute nicht ihre drei Jahre in einer Lehrstelle ab und langweilen sich zu Tode, sondern kommen 'rum, lernen neue Leute und neue Arbeitsweisen kennen.

I: Klingt ja sehr interessant!

D: Wollen wir mal noch rüber in die Produktion gehen?

Er führt mich durch einen Gang in einen Lagerraum und von dort in eine Halle mit mehreren Holzbearbeitungsmaschinen.

Hier geht es natürlich viel lauter zu als in den Büros, aber dennoch fühlt es sich hier nicht an wie in einer üblichen Fabrikhalle. Ist es die Anordnung der Maschinen, die angenehmen Lichtverhältnisse oder die erfrischenden Farbelemente an Boden, Decke und Wänden? Ich kann es nicht genau ausmachen, doch irgendwie erzeugt das Zusammenspiel dieser Faktoren ein wohliges Gefühl in mir, als wäre ich zuhause in meiner Heimwerkstatt.

Ich beobachte die einzelnen Arbeitsgänge und das Zusammenspiel der Mitarbeiter, beginnend vom Maschinenraum, über einen Reinraum zur Oberflächenbehandlung bis zum Raum für die Endmontage der Möbel. Für die Ausbildung gibt es sogar einen eigenen Raum als Lehrwerkstatt. Die Räume passen in der Abfolge zusammen und haben die entsprechenden Anbindungen. Alles ist sauber und ordentlich an seinem Platz.

Hier wird auch deutlich, dass die Architektur des gesamten Gebäudes auf den Produktionskreislauf zugeschnitten ist. Zusammen mit den Produktionsmitteln und der Inneneinrichtung werden hier auf beeindruckende Weise ökonomische, ökologische und ergonomische Belange miteinander vereint. Wirklich ein Musterbetrieb!

Wir gehen wieder zurück in den Bürotrakt.

I: Wie sind denn Eure Arbeitszeiten?

D: Naja, die ändern sich ja jetzt – nach dem Beschluss im Stadtrat gestern. Wir führen jetzt die 30-Stunden-Woche ein!
Ich muss noch mit den Mitarbeitern abstimmen, ob sie lieber 5 Tage zu 6 Stunden arbeiten, oder 4 Tage zu 7,5 Stunden.
Auch ein Mittelweg mit verkürztem Freitag ist denkbar.

I: 30-Stunden-Woche! Das ist die Hälfte meiner Arbeitszeit als Selbständiger!

D: Ja, ja, ich weiß!
Wir sind um 2 fertig und haben dann noch mehr als den halben Tag vor uns!

I: Wie steht es mit den Pausenzeiten?

D: Hier machen wir eine Stunde Mittagspause. Das haben wir relativ bald so eingeführt, und alle sind zufrieden damit. Anfangs haben wir es ohne versucht und waren entsprechend früher fertig, aber wir haben alle gemerkt, dass es uns besser geht, wenn wir vernünftig zu Mittag essen und dann noch eine Ruhepause einlegen. Wir haben dann einfach mehr vom ganzen restlichen Tag, und auch gesundheitlich wirkt sich das sehr positiv aus. Deshalb will keiner mehr zum alten Schema zurück.

I: Und das könnt Ihr einfach so selbst bestimmen?

D: Na klar, das ist ja mein Betrieb. Und wir haben uns hier alle zusammengesetzt und gemeinsam diese Lösung beschlossen.

I: Aber das ist doch ein Staatsbetrieb?

D: Ja, doch ich bin der Geschäftsführer.

I: Ok. Und Staatsbetriebe zahlen keine Steuern, stimmt's?

D: Stimmt, wobei private Betriebe aber auch keine Steuern bezahlen.

I: Ach ja! Außer wenn sie schädliche Produkte herstellen.

D: Genau. Und ich bekomme hier ein fixes Gehalt. Das ist bequem.

I: Muss dann auch keine Buchführung gemacht werden?

D: Vorgeschrieben ist das für Privatbetriebe nicht. Aber natürlich macht jeder eine einfache Einnahmen-Ausgaben-Überschuss-Rechnung, um den Überblick über Einnahmen und Ausgaben zu haben. Für die Staatsbetriebe dagegen ist das Pflicht, denn hier will und muss die Reichsbank einen Überblick bekommen, was läuft. Wie ausführlich und aufgeschlüsselt die Rechnung gemacht wird, obliegt eigentlich jeder Firma selbst.

I: Und wird das dann geprüft?

D: Bei den Staatsbetrieben schon, denn da geht es um das Gemeinwohl und den Staatshaushalt. Da muss schon genau hingeschaut werden, denn die müssen ja Überschüsse erwirtschaften. Wenn das nicht der Fall ist, wird geprüft, woran das liegt und wie es verbessert werden kann.
Dieses Prüfen läuft aber ganz anders ab, als Ihr es draußen gewohnt seid. Ziel bei uns ist ja, dem Unternehmer zu helfen und ihm zu zeigen, wie er es besser machen kann.
Bei den Privatbetrieben wird nicht geprüft, denn da ist es ja Privatsache des Privatunternehmers. Wenn der irgendwann pleite geht, dann ist es sein eigenes Problem. Auf alle Fälle bietet die Reichsbank aber für beide ständig Unternehmerseminare an. Da wird niemand im Regen stehen gelassen.

I: Wäre es dann aber nicht doch die einfachere Lösung gewesen, einen Privatbetrieb zu gründen?

D: Ja und nein. Die Buchhaltung und ihre Prüfung ist nicht so das große Thema. Das macht letztlich jeder vernünftige Betrieb. Aber als Privatbetrieb hätte ich die ganzen Investitionen selbst tragen müssen: das ganze Gebäude, die Maschinen, das Lager, das Büro, da steckt einiges drin. Das hat hier alles der Staat übernommen, und ich beziehe von Tag 1 an mein vereinbartes Gehalt. Dazu kommen noch die Rohstoffkosten. Als Privatbetrieb müsste ich das Holz einkaufen, als Staatsbetrieb bekomme ich es kostenlos.

I: Warum das?

D: Weil nach der Verfassung alle natürlichen Ressourcen wie Grund und Boden, Bodenschätze, Wasser, Holz der Allgemeinheit gehören und somit zum Staatsvermögen zählen.

I: Ok, verstehe.

D: Ich kann zwar mit einem Staatsbetrieb nicht unendlich reich werden, da die Überschüsse nicht in meine Tasche fließen. Aber das habe ich auch gar nicht als Ziel. Ich habe hier ein sehr gutes Auskommen, bin sozial abgesichert, ohne dass mir dafür etwas abgezogen wird, und kann mich dennoch voll unternehmerisch betätigen.

I: Wie ist das bei Investitionen? Ist da jedesmal eine Genehmigung erforderlich?

D: Nein. Mit dem Betriebsvermögen kann ich frei operieren. Wenn ich natürlich mehr investieren möchte als vorhanden ist, dann muss ich mit der Reichsbank reden. Als Privatbetrieb müsste ich dann einen Kredit aufnehmen, als Staatsbetrieb bekomme ich das Geld von der Reichsbank, muss die aber dafür natürlich überzeugen, dass die Investition Sinn macht und sich rechnen wird.

I: Ich muss sagen, als ich „Staatsbetrieb" hörte, bekam ich gleich einen sehr üblen Nachgeschmack aus der Vergangenheit.

D: Ja,

lacht Dieter,

D: Das ist mir klar. Aber ein Betrieb muss nicht schlecht sein, nur weil es ein Staatsbetrieb ist! Umgekehrt muss ein Betrieb aber auch nicht deswegen gut laufen, weil er in privater Hand ist. Dazu kommt noch die oft fehlende Verantwortung für das Gemeinwohl. Das sieht man ja an der Situation in der BRD. Seit die Deutsche Bahn privatisiert wurde, gibt es Streiks, Zugausfälle, Streckenstilllegungen, höhere Preise etc. Das beeinträchtigt nicht nur die Wirtschaft, sondern die gesamte Gesellschaft.
Oder wenn Nokia einfach beschließt, aus betriebswirtschaftlichen Gründen sein Werk zu schließen und in einem billigeren Land neu

aufzubauen, dann ist es denen völlig egal, dass dadurch Tausend Familien ihren Broterwerb verlieren.

I: Ja, das stimmt. Bei uns zählen nur die wirtschaftlichen Interessen, und das heißt: Rendite.

D: So ist es leider. Deshalb ist es meiner Meinung nach ab einer gewissen Betriebsgröße, Beschäftigtenzahl oder gesamtgesellschaftlichen Bedeutung der Dienstleistung bzw. des Produkts verantwortungslos, die Geschicke in private Hände zu legen. Denn die sind in der Regel nur an Gewinnmaximierung interessiert, und für die Bevölkerung gibt es keine Einflussmöglichkeit.
Die Privateigentümer denken nur an ihren eigenen Vorteil, während hier aber Belange von gesamtgesellschaftlicher Tragweite berührt werden. Wenn solche Privatbetriebe Gewinne erwirtschaften, dann fließen diese in private Taschen anstatt in die Staatskasse. Wenn sie aber in Schwierigkeiten sind, dann wird nach Hilfe aus der Staatskasse gerufen, da es ja um viele Arbeitsplätze etc. geht.
Am krassesten war dies nach dem Anschluss der DDR. Da wurden die ehemaligen Staatsbetriebe für einen Appel und ein Ei privatisiert, oftmals an Konkurrenten im Westen, die dann die bis dahin gut gehenden Betriebe einfach dicht machten, um ihre eigene Marktstellung nicht zu gefährden. Gemeinwohlinteressen haben bei diesen Transaktionen überhaupt keine Rolle gespielt!

I: Hier im Königreich wäre so etwas wohl nicht möglich?

D: Hier wäre das ein Verstoß gegen die Verfassung. Denn dort steht, dass Eigentum verpflichtet, und dass sein Gebrauch gleichzeitig auch dem Wohl der Allgemeinheit dienen soll.

I: Und wer kontrolliert das?

D: Na der König. Er ist der Hüter der Verfassung.

I: Ok, stimmt. Ich hatte schon fast wieder vergessen, dass es jemanden gibt, der darauf achtet, dass die Verfassung nicht verletzt wird. Ich muss sagen, das ist schon eine tolle Sache.

D: Allerdings. Ich weiß noch, wie das draußen im alten System war. Man hatte zwar all die schönen Bestimmungen im Grundgesetz und auch in anderen Gesetzen, aber gerade in den Behörden hat man sich gar nicht daran gehalten. Die wussten genau, dass niemand deswegen vor Gericht gehen würde. Deshalb konnten die so unverfroren sein.

Ich habe oft gedacht: „Wenn ich eine Rechtsschutzversicherung hätte, würde ich jetzt klagen." Aber dann der ganze Trouble mit Rechtsanwalt, Gerichtsverhandlungen, und und und, und am Ende weiß man nicht, was die untereinander klüngeln. Darauf hat doch keiner Lust, und meist auch nicht die Zeit.

I: Und deshalb machen die mit ihrer Willkür einfach weiter.

D: Natürlich, aber wer ist denn schon einmal in einem solchen Fall vor Gericht gegangen?

I: Niemand, ich auch nicht. Deshalb leuchtet mir das hier im Königreich voll ein.
       Aber jetzt muss ich mich, glaube ich, auf die Beine machen. Ich muss zurück ins alte System. Dort habe ich auch eine Firma, und ich habe gerade eine Steuerprüfung am Laufen. Das ist der reinste Horror.

D: Oh je, oh je. Da kann ich nur viel Glück und Durchhaltevermögen wünschen.

I: Ja, Danke. Das kann ich gut gebrauchen.
       Aber durch dieses Wochenende hier habe ich ein größeres Selbstbewusstsein bekommen. Wenn die mir weiterhin so blöd kommen, dann mache ich den Laden einfach dicht und ziehe ins Königreich um.

D: Gute Idee! Bei uns ist jeder willkommen, der sich aktiv für das Gemeinwohl engagiert. Dann wünsche ich eine gute Fahrt.

I: Danke. Auf Wiedersehen, und vielleicht bis bald.

D: Ja, bis bald.

Er führt mich zum Ausgang, und dann spute ich mich, um zum Bahnhof zu kommen. Es ist alles ziemlich knapp, aber ich bin fast pünktlich um zehn vor neun am Bahnsteig. Mein Zug steht schon abfahrtbereit da, muss aber noch ca. 10 Minuten auf einen verspäteten Anschlusszug warten. Ich steige ein, setze mich auf einen Fensterplatz und schnaufe erst einmal tief durch.

War das ein Wochenende! Was ich in diesen paar Tagen alles erlebt und erfahren habe! Unglaublich! Ich lasse mir einige Punkte und Erlebnisse noch mal durch den Kopf gehen.

Dann aber stelle ich mir die Frage: Und was jetzt? Soll ich jetzt nach Hause fahren und einfach so weiter machen wie bisher? Geht das überhaupt? Mich jetzt einfach wieder unter das Joch eines Staates begeben, der gar kein Staat ist, der mich als sein Personal betrachtet und behandelt und mich gerade mittels einer Steuerprüfung noch mehr melken will als bisher schon? Mich weiter von nervtötender Bürokratie, lebensfeindlichen Vorschriften und sinnlosen Verboten madig machen lassen, bis mir die Lust und der Spaß an jeglicher Betätigung völlig vergangen ist?

Jetzt, wo ich mit eigenen Augen gesehen habe, dass es auch anders geht, mit freien Menschen in einem wirklichen Staat als Partner und Diener seiner Bürger, ohne Steuerpflicht, mit einem Vertrauensprinzip, mit der Ausrichtung an den Menschen statt einer überbordenden Schwemme von Gesetzen, Verordnungen, Erlässen, Richtlinien, Verboten?

Soll ich meine Koffer packen und nach Talweis ziehen? Oder in eine andere der Gemeinden des Königreichs? Dadurch würde vieles einfacher und angenehmer für mich. Ich könnte auch bei uns in der Gemeinde über die neuen Möglichkeiten informieren und dafür arbeiten, dass wir ebenfalls ins Königreich wechseln! Aber was würden alle meine Bekannten dazu sagen? Die würden mich für komplett verrückt halten.

Ich könnte auch erst einmal einfach so weiter machen und abwarten, wie sich alles entwickelt. Wenn es mir zu dumm wird, kann ich immer noch meine Koffer packen. Ich weiß ja jetzt, dass es einen Zug gibt, auf den ich jederzeit aufspringen kann, wenn es nicht mehr weiter geht. Aber ist das nicht unfair all denen gegenüber, die noch gar nichts vom Königreich wissen?

Irgendwie muss ich bei diesen widerstreitenden Gedanken wohl eingenickt sein. Denn nach einiger Zeit – ich habe keine Ahnung wie viel Zeit – höre ich plötzlich eine Stimme, die ruft:

„Hallo, Aufwachen! Sie müssen aussteigen!"

Wieso? Schon aussteigen? Ich bin doch gerade erst eingestiegen!

Irgendwo im Dämmer fühle ich, wie jemand meine Schulter rüttelt, und dann wache ich allmählich auf.

Vor mir steht Norbert. Aber wieso? Und wo bin ich?
Wir sind alleine in einem Zug.

N: Schnell, der Zug fährt gleich ab!

Welcher Zug denn? Ich bin total verwirrt. Mühsam rappele ich mich auf und folge Norbert, der mich aus dem Zug auf den Bahnsteig führt. Das ist doch der Zug, mit dem ich gekommen bin! Und dort auf dem Gleis gegenüber steht ein anderer Zug, in dessen Tür der Mann und die Frau stehen, die auf der Herfahrt gegenüber von mir saßen. Sie winken uns zu, wir steigen ein, und in demselben Augenblick ertönt der Pfiff, und der Zug fährt an.

Wir setzen uns auf die nächstgelegenen Plätze.

Ich bin völlig benommen, blicke mich verwundert um und sehe einige Gesichter, die mir von der Hinfahrt her noch in Erinnerung sind.

Habe ich das alles etwa nur geträumt?

Das wäre ja unglaublich! Es war doch alles so real ...

Der Schreck sitzt mir gehörig in den Gliedern, doch so langsam komme ich wieder zu mir und nehme meine Umwelt nicht länger gedämpft war.

Unvorstellbar! Da meine ich, Wunder was für mich entdeckt und erfahren zu haben, und mache mir auch noch Gedanken, ob ich es für mich behalte oder an andere weiter gebe. Und jetzt hätte ich fast meinen Anschlusszug verschlafen und wäre allein zurückgeblieben.

Wie froh bin ich plötzlich, wieder bei den anderen zu sein, obwohl ich sie ja eigentlich gar nicht kenne. Aber immerhin geht es gemeinsam in die selbe Richtung.

Nein, das hat jetzt auf alle Fälle gereicht! Diese Botschaft für mich habe ich verstanden: Was auch immer geschehen ist oder noch geschehen wird, ich darf auf keinen Fall zu lange warten und muss bei Zeiten auf den Zug aufspringen. Sonst fährt er vielleicht schon ohne mich ab! Wie war das: „Wer zu lange wartet, den bestraft das Leben," oder so ähnlich?

Ich habe ja schon öfter mal von Dingen geträumt, die erst noch geschehen sollten. Ist das jetzt wieder so ein Fall? Oder war das ein Wunschtraum?

Die Lautsprecheransage reißt mich aus meinen Gedanken:

„Nächster Halt: Talweis. Trotz unserer Verspätung werden alle Anschlusszüge erreicht."

Nachwort

Wach' ich oder träum' ich?

Das fragen wir uns oft, wenn eine Situation nicht so ist, wie wir sie erwartet haben. Meist wäre es uns dann lieber, es handele sich nicht um die Realität, sondern um einen (bösen) Traum.

Hier soll diese Frage nicht im Mittelpunkt stehen. Vielmehr sollte uns klar sein, dass eine Vorstellung, wie wir die Realität gerne hätten, gleichzeitig ein Anstoß zur Handlung sein sollte. Wenn wir eine Erfahrung gemacht haben – und wenn es auch „nur" ein Traum war – so liegt es an uns, dies zur Realität werden zu lassen.

Wir dürfen die Kraft unserer Gedanken und unserer Taten nicht unterschätzen, sondern sollten sie anwenden und bündeln, damit die Negativität, die momentan real ist, wie ein böser Traum vergessen werden kann und stattdessen unsere schönsten Träume zur Realität werden.

Danksagung

Mein tief empfundener Dank gilt

- Peter – für die Vision, das Aufzeigen der rechtlichen Machbarkeit und die konkreten Impulse zur Umsetzung

- allen, die mitgeholfen haben und mithelfen, um das aufzubauen, was wir heute haben

- den vielen, die noch kommen werden, um die Vision zu vollenden

- Ihnen ganz persönlich für das Aufnehmen, Weitertragen und Reifenlassen der Vision.

Danke

Vertiefende Informationen

Impfungen

Das Impfen gilt als eine der größten medizinischen Errungenschaften der letzten 200 Jahre. Es basiert auf der Theorie, dass verschiedene Krankheiten von Mikroorganismen verursacht werden, gegen die der Körper spezifische Antikörper entwickeln kann. Wenn solche Antikörper im Blut vorhanden sind, findet keine Erkrankung statt oder zumindest wird der Körper leichter damit fertig. Um die Bildung solcher Antikörper anzuregen, werden dem Patienten Krankheitserreger verabreicht, die schwach genug sind, um zu keiner Erkrankung zu führen, aber stark genug, damit Antikörper gegen sie gebildet werden.

Um diese in der Theorie sehr plausible Methode umzusetzen, müssen zunächst große Mengen von Erregern kultiviert werden. Mit Bakterien kann das relativ einfach auf Kulturmedien aus Wasser, Salzen, Zucker und Aminosäuren gemacht werden, sogenannte Viren hingegen können sich nur in lebenden Zellen vermehren. Zu ihrer Vermehrung werden je nach Erreger Hühnergewebe, Affennierenzellen, bebrütete Hühnereier (also Hühnerembryonen) und Gewebe aus abgetriebenen menschlichen Embryos verwendet.

Um sie in ihrer Virulenz, also in ihrer krankmachenden Eigenschaft, abzuschwächen, werden die Erreger gezielt in Geweben fremder Wirte gezüchtet, in denen sie nicht mehr virulent sind, sich aber noch vermehren können. Zum Teil wird das auch erreicht, indem die Erreger bei ungünstigen niedrigen Temperaturen angezüchtet oder mit Formaldehyd versetzt werden. Weitere Möglichkeiten bestehen darin, nur Bruchstücke oder abgetötete Erreger zu verwenden.

Da sich die Immunreaktion durch die so gewonnenen Erreger für die Praxis als nicht ausreichend erwiesen hat, werden sie nachfolgend mit sogenannten Adjuvantien, d.h. Hilfsstoffen, angereichert, die die Aufgabe haben, eine starke Immunreaktion hervorzurufen. Dazu dienen Aluminiumsalze, allen voran Aluminiumhydroxid und Aluminiumphosphat.

Schließlich soll das Impfpräparat noch von eventuell vorhandenen aktiven Viren befreit und konserviert werden. Dies wird durch Zugabe von Formaldehyd und Thiomersal (Ethyl-Quecksilber) bewirkt.

Die Problematik des so gewonnenen Cocktails liegt klar auf der Hand:

1. Es lässt sich in der Praxis auch bei noch so guter Reinigung nicht ausschließen, dass in dem Impfpräparat noch Spuren von körperfremdem, ja sogar artfremdem Eiweiß enthalten sind (Mensch, Hühner, Affen), das zu starken allergischen Reaktionen beim Geimpften führen kann.

2. Das in den Adjuvantien enthaltene Aluminium ist bekannt für seine toxischen Wirkungen auf das Nervengewebe und wird mit Parkinson, Multipler Sklerose und Demenz in Verbindung gebracht. Dass zu diesem Thema „unabhängige, präzise und ehrliche" wissenschaftliche Untersuchungen nötig sind, wird mittlerweile auch von anerkannten Biomedizinern gefordert [56].

3. Formaldehyd ist als Krebs verursachend und Leber schädigend bekannt und daher u.a. sogar in der Möbelindustrie gesetzlich verboten.

4. Thiomersal besteht etwa zur Hälfte aus Quecksilber und ist als starkes Zell- und Nervengift mit allergisierender und erbgutschädigender Wirkung bekannt.

5. Es stellt sich die Frage, ob tatsächlich Immunität gegen die eigentlichen Krankheitserreger bewirkt wird. Immerhin wurden starke Veränderungen an den Erregern vorgenommen, und die eigentliche Immunreaktion wird ja gar nicht von den Erregern, sondern von den Hilfsstoffen hervorgerufen.

Gerade bei der Impfung von Neugeborenen und kleinen Kindern erhalten die oben genannten Problematiken eine besondere Bedeutung. So wird – bedingt durch das geringe Körpergewicht – bei nur einer einzigen Impfung eines Säuglings der Grenzwert für die unbedenkliche Aluminiumzufuhr über Infusionen um das 25-fache überschritten.

Weiterhin ist das kindliche Immunsystem erst gegen Ende des ersten Lebensjahres voll ausgereift. Eingriffe in dieser Phase können Auswirkungen im gesamten späteren Leben haben, z.B. die Entwicklung von Allergien oder Autoimmunerkrankungen (also krankhafte Überreaktionen des Immunsystems) auf der einen Seite oder Immunschwäche auf der anderen.

Auch das Nervensystem entwickelt sich erst im Lauf der ersten Lebensjahre. So ist bei Säuglingen die sogenannte Blut-Hirn-Schranke –

eine Schutzbarriere zwischen dem Zentralnervensystem und dem Blutkreislauf – noch recht durchlässig, so dass die in den Impfpräparaten enthaltenen Nervengifte leicht eindringen können. Auch die schützende Myelinschicht um die Nervenzellen baut sich erst langsam auf.

Säuglinge, die gestillt werden, profitieren dagegen noch vom Immunschutz der Mutter, so dass in diesem Alter sowieso keine Impfung Sinn macht.

Natürlich können gewisse Risiken in Kauf genommen werden, wenn dadurch die gefährlichen Infektionskrankheiten in der Gesellschaft zurückgedrängt oder gar eliminiert werden. Darauf basiert letztlich die gesamte Impfpolitik seit Anbeginn. Doch leider lässt sich gerade dieser Effekt, dass Impfungen nämlich wirksam gegen Erkrankungen schützen, bis heute nicht wissenschaftlich belegen. Es wurde bisher keine einzige Vergleichsstudie zwischen Geimpften und Nicht-Geimpften (Doppelblindstudie) gemacht, um zu zeigen, dass Geimpfte einen gesundheitlichen Vorteil gegenüber Nicht-Geimpften hätten.

Deshalb wird der Erfolg einer Impfung heute durch die Messung des Antikörpertiters, d.h. der Menge von Antikörpern im Blut, bestimmt. Ob dieser Antikörpertiter allerdings etwas über den tatsächlichen Schutz vor Erkrankung aussagt, ist zweifelhaft, da es in der Praxis sehr wohl möglich ist, auch bei fehlendem Titer immun zu sein, und andererseits bisher keine wissenschaftliche Studie durchgeführt wurde, die beweist, dass ein hoher Titer Schutz vor Erkrankung bedeutet.

Die zahlreichen Statistiken, die über lange Zeiträume hinweg zeigen, wie die Bedeutung der großen Seuchen (gemessen an der Zahl von Erkrankten oder von Todesfällen) drastisch zurückgegangen ist, zeigen bei näherer Betrachtung allerdings gleichzeitig, dass dieser Rückgang bereits <u>vor</u> dem Beginn des Impfens begonnen hat, dass er durch große gezielte Impfkampagnen nicht positiv, sogar eher negativ beeinflusst wurde, dass er selbst nach (zeitweiliger) Absetzung von Impfprogrammen unverändert weiter ging und vor allem, dass er sämtliche Infektionskrankheiten gleichermaßen betraf – ob nun viel, wenig oder gar nicht gegen sie geimpft wurde. Somit zeigen diese Statistiken in Wirklichkeit, dass die eigentlichen Ursachen dieses Rückgangs die erhöhte Hygiene, die verbesserten Lebensbedingungen, Essgewohnheiten, sozialen und technischen Standards der letzten 200 Jahre waren und nicht das Impfen.

So kam ein großer Übersichtsartikel in der Zeitschrift *Pediatrics* über die gesundheitliche Entwicklung in den USA im 20. Jahrhundert [57] u.a. zu dem Schluss:

„Daher erklärt Impfung nicht die beeindruckenden Rückgänge der Sterblichkeit in der ersten Hälfte des Jahrhunderts."

Klimaerwärmung

Seit einigen Jahren hört und liest man viel von der Klimaerwärmung und dem sogenannten Treibhauseffekt. Vor allem CO_2 – Kohlendioxid – steht als infrarot-aktives Molekül im Mittelpunkt, da sein Anteil in der Atmosphäre durch Verbrennungsprozesse und damit zum Teil auch durch menschliche Aktivität beeinflusst wird.

Bereits vor über 150 Jahren wurde festgestellt, dass verschiedene Stoffe unterschiedliche Frequenzbereiche des elektromagnetischen Spektrums unterschiedlich stark absorbieren. Infrarot-Strahlung wird von Molekülen mit Dipol-Struktur absorbiert. In der Atmosphäre sind das vor allem Wasser und Kohlendioxid, daneben auch noch Methan und Lachgas. Eine Verbindung zum Erdklima wurde zwar immer wieder untersucht, letztlich aber als nicht relevant abgetan.

Das änderte sich in den 60er und Anfang der 70er Jahre des letzten Jahrhunderts plötzlich aus einem ganz anderen Grund. Damals wurden die ersten Raumsonden zur Venus geschickt. Man ging seinerzeit von erdähnlichen Temperaturen und Drücken auf ihrer Oberfläche aus. Die ersten Sonden versagten jedoch wegen der hohen Temperaturen und Drücke, die dort herrschten. Erst der Sonde Venera 7 glückte die Landung. Es wurde festgestellt, dass die Oberflächentemperatur über 450°C beträgt und dass die Venus-Atmosphäre fast ausschließlich aus Kohlendioxid besteht, weshalb der Atmosphärendruck beinahe 100mal so hoch ist wie auf der Erde.

Dies war für die Wissenschaftler nicht nur eine Überraschung, sondern ein Schock. Denn bereits 1950 hatte Immanuel Velikovsky, ein Außenseiter, in seinem Buch *Worlds in Collision* [9] eben solche Oberflächenverhältnisse der Venus vorhergesagt. Diese Vorhersagen stammten aus einer detaillierten Analyse mythologischer Überlieferungen aus allen Kulturen und Gegenden der Erde, aus denen er schlüssig folgerte, dass es vor ca. 3500 Jahren zu einer Instabilität im Planetensystem und mehreren Nahbegegnungen zwischen Erde und Venus kam. Diese Nahbegegnungen veränderten u.a. die Rotationsachsen und -geschwindigkeiten der beiden Planeten und führten zu tiefgreifenden katastrophischen Veränderungen auf den Planetenoberflächen. Ähnliches geschah nochmals vor ca. 2800 Jahren bei Nahbegegnungen zwischen Venus, Erde und Mars.

Solche Theorien und Methoden wurden vom Wissenschaftsestablishment damals heftig bekämpft, widersprachen sie doch dem Uniformitäts-Dogma, nach dem seit Anbeginn stets nur kleine, kaum merkliche Veränderungen zu dem heutigen Bild der Erde und des Sonnensystems geführt hätten. Velikovskys Buch wurde geächtet, der Verlag boykottiert und der Autor als Spinner abgestempelt – und nun, da die Venus-Missionen seine Schlussfolgerungen empirisch bestätigten, musste rasch eine Alternativ-Erklärung gefunden werden. Dies erledigte der amerikanische Physiker Carl Sagan, der über viele Jahre der Kopf der Verleumdungskampagne von Velikovsky und seinen Büchern war, indem er behauptete, die hohe Venus-Temperatur stehe mit der hohen CO_2-Konzentration in der Atmosphäre in Zusammenhang und rühre von einem galoppierenden („run-away") Treibhauseffekt her. Diese Theorie stellte er 1974 auf einem Symposium der AAAS (American Association for the Advancement of Science) zu dem Thema vor, und so wurde die Vorstellung eines Treibhauseffekts durch infrarot-aktive Gase in der wissenschaftlichen Welt schnell akzeptiert, denn die Alternative wäre gewesen, Velikovsky anerkennen zu müssen.

10 Jahre später wurde dieses Konstrukt dann auch auf die Erde angewandt und vor allem von politisch und später auch wirtschaftlich interessierten Kreisen ausgeschlachtet.

Wissenschaftlich wurde der Treibhauseffekt eigentlich bereits vor über 100 Jahren experimentell widerlegt. Damals führte Prof. Wood an der John Hopkins Universität in Baltimore, USA, mehrere Experimente durch, um die Funktionsweise eines Treibhauses zu untersuchen. Seine Experimente wurden vor kurzem von Prof. Nahle in Mexiko erfolgreich repliziert [12]. In diesen Experimenten wurde festgestellt, dass die Infrarot-Strahlung quasi keine Rolle bei der Funktion eines Treibhauses spielt. Die Erwärmung ist ausschließlich darauf zurückzuführen, dass das Treibhausdach den Wärmeabtransport durch Konvektion unterbindet. Gleichzeitig wurde durch das Experiment gezeigt, dass der erwärmte Erdboden seine Wärme nur zu einem sehr kleinen Teil (8%) durch Strahlung und fast ausschließlich durch Konvektion wieder abgibt.

Damit fällt die Grundlage der Theorie vom Treibhauseffekt weg, denn dort wird davon ausgegangen, dass die Wärme zu 77% durch Strahlung abgegeben wird (die dann durch infrarot-aktive Moleküle wieder zur Erdoberfläche zurückgestrahlt werde).

Eine sehr gute Zusammenschau der verschiedenen Aspekte um den Treibhauseffekt findet man in einer Abhandlung von Klaus Ermecke [13].

Die physikalischen Hintergründe wurden von dem Physiker Prof. Gerlich von der TU Braunschweig dargestellt [14]. Aus dieser Darstellung stammt auch die Argumentation von Norbert im Roman („Schachmatt in 5 Zügen").

Aus der Schlussfolgerung in Gerlich's Arbeit soll hier ein kurzes Zitat gebracht werden, da es die entscheidenden Tatsachen prägnant zusammenfasst:

„Es ist eine unbestreitbare Tatsache, dass die hier dargestellten Schwierigkeiten mit der Aussagekraft aller globaler Klimamodelle den sogenannten ‚Klimawissenschaftlern' bekannt sind. Als die ‚Klimawissenschaftler' von den Politikern (IPCC) die Aufgabe übernahmen, mit Modellen die Klimaänderungen zu berechnen, die durch die Veränderung der Konzentration des Kohlendioxid verursacht wurden, haben diese Leute sehr bewusst gelogen und die Öffentlichkeit betrogen, da sie genau wussten, dass nie realitätsnahe numerische ‚Rechnungen' möglich sind und sein werden. ...

☞ S. 195

Hinzu kommt die moderne Praxis mit den Kommissionen von ‚Experten', die die Entscheidungsprozesse der Demokratie aushöhlt, weil Laien oder Wähler ‚Experten' nicht kritisieren können. Solche Kommissionen (wie Hartz, PISA, IPCC,...) produzieren Spesen und beweisen immer am Ende einer Tätigkeitsperiode, dass sie wichtig und notwendig waren. Sie finden immer überzeugende Gründe für ihr ewiges Fortbestehen. Niemand ist persönlich verantwortlich für den Unsinn, den sie produzieren. Diese Kommissionen entlassen die gewählten Abgeordneten aus ihrer Verpflichtung, mit ihrem eigenen Verstand und Gewissen Gesetze zu verabschieden. Statt dessen berufen sich die Politiker auf ‚Expertenmeinungen' anonymer Kommissionen und stehlen sich so aus ihrer Verantwortung. Die von ‚Kommissionen' beauftragten ‚Wissenschaftler' liefern dann die politisch gewünschten, mit angeblich ‚berechneten' Unsicherheiten verzierten ‚Ergebnisse'. Es handelt sich hier um die typische, unfreie ‚Proposal-Wissenschaft', die ihre Existenzberechtigung nur ihrem politischen Auftrag verdankt. Besonders die Kommissionen der UN und EU erzeugen so die Notwendigkeit einer totalitären Diktatur über die gesamte Welt." [14]

Wer diese Aussagen einseitig oder übertrieben findet, kann sich in [15] über tausend eMails durchlesen, die im Jahr 2009 aus einem weltweit führenden Klimaforschungszentrum in Großbritannien an die Öffentlichkeit gebracht wurden. Dieser Vorfall wurde in Anlehnung an den Watergate-Skandal unter President Nixon als „Climategate" bezeichnet, denn aus den eMails geht hervor, wie Daten frisiert, abweichende Forschungsergebnisse unterdrückt und kritische Wissenschaftler gemobbt wurden. Zur besseren Beschäftigung mit diesen eMails findet man sie in [16] in chronologischer Reihenfolge angeordnet.

In einer sehr aufschlussreichen detaillierten Studie haben zwei langjährige Meteorologen aufgezeigt, wie in großem Maßstab mit Temperaturaufzeichnungen manipuliert wird [17].

Worum geht es denn nun eigentlich bei dem ganzen Thema?

Es geht zum einen um – meist mittelmäßige – Wissenschaftler, die ihre Arbeit plötzlich in einem bedeutenden Licht darstellen können, und die für sich selbst und für ihre Forschungsteams auf unabsehbare Zeit eine fast unlimitierte Finanzierung durch öffentliche Institutionen gesichert haben. Es geht um Wirtschaftszweige, die eine willkommene Grundlage für Preiserhöhungen, die Vermarktung unnützer Produkte und Dienstleistungen, Klimazertifikate u.ä. gefunden haben.

Und es geht um die Globalisierung. Die globale Klimaerwärmung bietet über die erzeugte globale Angst einen perfekten Vorwand, um Reglementierungen, Verordnungen, Überwachungsmaßnahmen und Abgaben auf internationaler Ebene durchzusetzen.

Letzten Endes aber geht es darum, dass die Erde vor erst 3500 Jahren eine der größten weltumspannenden Katastrophen ihrer Geschichte durchgemacht hat, in der sich Gebirge erhoben, Land- und Meeresformationen verändert und Eisschichten gebildet haben, von denen die Menschheit heute noch meint, sie seien Jahrmillionen alt. Damit sind wir wieder bei Immanuel Velikovsky [9, 10, 11]. Um seine Erkenntnisse nicht wahrhaben zu müssen, wurde der Treibhauseffekt überhaupt erst erfunden, und auch heute wird er dazu benutzt, um uns davon abzulenken, dass die Erde nach der Katastrophe noch immer nicht ihr Gleichgewicht gefunden hat – genausowenig wie wir Menschen, die wir uns geradezu zwanghaft noch immer bemühen, das erlebte Trauma von Gewalt, Zerstörung und Leid wieder und wieder und wieder mit den verschiedensten Mitteln zur Realität zu machen.

Steuern

Im Internet findet man eine Fülle von statistischen Angaben, die bei näherer Betrachtung aufschlussreiche Schlussfolgerungen zulassen.
Die Quellen, die wir benutzt haben, sind:
Das Statistische Bundesamt (www.destatis.de),
der Bund der Steuerzahler (www.steuerzahler.de),
die Bundesbank (www.bundesbank.de)
oder auch verschiedene Statistik-Portale wie de.statista.com.

1. Im Jahr 2013 betrugen die Zinsausgaben der öffentlichen Haushalte 65,9 Mrd Euro [18].

2. Die Steuereinnahmen von Bund, Ländern und Gemeinden betrugen 2013 insgesamt 619,7 Mrd. Euro [19].

3. 334,4 Mrd Euro wurden 2013 von den öffentlichen Haushalten zur Tilgung von Schulden bezahlt [18].

4. Die Gesamtausgaben der öffentlichen Haushalte im Jahr 2013 betrugen 1,2 Billionen Euro [18].

5. Die Zinserträge der deutschen Kreditinstitute im Jahr 2013 betrugen 220,8 Mrd. Euro [20]

6. Die Zinsaufwendungen der deutschen Unternehmen im Jahr 2013 betrugen 60,5 Mrd. Euro [21].

7. Die Betriebssteuern der deutschen Unternehmen im Jahr 2013 betrugen 66,5 Mrd. Euro [21].

8. Die Steuern vom Einkommen und Ertrag der deutschen Unternehmen im Jahr 2013 betrugen 46,5 Mrd. Euro [21].

9. Die Außenfinanzierung der deutschen Unternehmen wurde im Jahr 2013 um 15,5 Mrd. Euro reduziert [21].

10. Der Umsatz der deutschen Unternehmen im Jahr 2013 betrug 5733 Mrd. Euro [21].

11. Das Jahresergebnis der deutschen Unternehmen im Jahr 2013 betrug 181,5 Mrd. Euro [21].

12. Der Personalaufwand der deutschen Unternehmen im Jahr 2013 betrug 894 Mrd. Euro [21].

13. Im Jahr 2008 betrug die Begünstigung durch den ermäßigten Steuersatz insgesamt 24,2 Mrd, Euro [22].

14. Die Einnahmen an Umsatz- und Einfuhrumsatzsteuer des öffentlichen Gesamthaushalts im Jahr 2008 betrugen ca. 172 Mrd. Euro [23].

15. Im Jahr 2010 betrug der durchschnittliche Einkommensteuersatz in Deutschland 19,6% [24].

16. Der Beitragssatz zur Sozialversicherung betrug 2013 – von Sonderregeln abgesehen, ohne Unfallversicherung und mit Insolvenzumlage – in der Regel 39,6% [25].

Aus 1. und 2. kann man folgern, dass im Durchschnitt 10,6% der Steuereinnahmen für Zinszahlungen verwendet wurden.

Ebenso kann man aus 2. und 3. folgern, dass im Durchschnitt 54% der Steuereinnahmen zur Tilgung von Schulden verwendet wurden.

Damit sind wir bereits bei 64,6%, die direkt an die Banken flossen.

Was geschieht mit dem Rest der Steuereinnahmen (35,4%)? Sie werden ausgegeben, als Investitionen, als Gehälter, als Beihilfen, Subventionen, soziale Leistungen etc. Insgesamt kann man sagen, dass sie wieder in den Wirtschaftskreislauf fließen – direkt oder indirekt. Wir müssen hier für die Berechnung der Einfachheit halber davon ausgehen, dass das Geld in Deutschland bleibt, und müssen außerdem Lohnsteuer und Lohnnebenkosten ignorieren, die ja sofort wieder in den öffentlichen Haushalten landen – allerdings eben nur bei normalen Arbeitnehmern, nicht bei Beamten.

Unter diesen Voraussetzungen wird das Geld also irgendwann an ein deutsches Unternehmen gezahlt, um dort eine Ware oder Leistung zu erwerben. Dafür muss allerdings Mehrwertsteuer bezahlt werden, entweder 19% oder 7%.

Aus 13. und 14. ergibt sich, dass im Jahr 2008 Waren und Dienstleistungen im Wert von ca. 829 Mrd. Euro mit 19% versteuert und Waren und Dienstleistungen im Wert von ca. 208 Mrd. Euro mit 7% versteuert wurden. Als mittlerer Mehrwertsteuersatz ergibt sich für dieses Jahr also 16,6%. Diesen mittleren Mehrwertsteuersatz legen wir auch unserer Rechnung aus dem Jahr 2013 zugrunde.

Somit wurden 35,4% der Steuereinnahmen zum Erwerb von Waren oder Leistungen mit einem durchschnittlichen Mehrwertsteuersatz von 16,6% verwendet. Die so abgeführte Mehrwertsteuer wurde wiederum mit 10,6% für Zinszahlungen und mit 54% zur Schuldentilgung verwendet (s.o.)

Nach Abzug der Mehrwertsteuer verbleibt der Netto-Umsatz des Unternehmens.

Nach 7., 8. und 10. betrug der Anteil der Betriebs- und Ertragssteuern der deutschen Unternehmen im Jahr 2013 ca. 2% ihres Gesamtumsatzes.

Somit gingen 2% von dem oben erzielten Umsatz wieder als Steuern an den Staat, der davon wiederum 10,6% für Zinszahlungen und 54% zur Schuldentilgung verwendete.

Laut 6., 9. und 10. betrugen die Ausgaben der deutschen Unternehmen für Zinsen und Tilgung der Außenschulden ca. 1,3% ihres Gesamtumsatzes. Somit gingen also von dem oben erzielten Umsatz 1,3% an die Banken.

Aus 10., 11. und 12. ergibt sich, dass im Jahr 2013 durchschnittlich 18,8% des Umsatzes der deutschen Unternehmen Löhne, Gehälter und Gewinn der Inhaber/Anteilseigner waren.

Unter der Annahme, dass sich der durchschnittliche Einkommensteuersatz von 2010 bis 2013 nicht wesentlich geändert hat, gingen davon nach 15. durchschnittlich 19,6% als Einkommensteuer und nach 16. ca. 39,6% als Sozialversicherung an den öffentlichen Haushalt, der davon wiederum 10,6% für Zinszahlungen und 54% zur Schuldentilgung verwendete.

Es verbleiben 77,9% des Umsatzes, die für die übrigen Kosten verwendet werden und somit letzten Endes zum Erwerb von Waren und Dienstleistungen anderer Unternehmen verwendet werden. Da beim Handel zwischen Unternehmen die Umsatzsteuer nur ein durchlaufender Posten ist, stellen diese 77,9% also direkt Umsatz anderer Unternehmen dar, mit dem genauso verfahren und gerechnet wird, wie soeben.

Führt man diese Summanden alle zusammen und nähert man die Summe, die sich potentiell bis ins Unendliche erstreckt durch die Summenformel für geometrische Reihen an, so ergeben sich insgesamt 81,9% der Steuereinnahmen, die direkt oder indirekt als Zins- und Tilgungsbeträge bei den Banken landen.

Mit anderen Worten: Wenn es heute einen totalen Zins- und Schuldenschnitt gäbe, dann müssten ab morgen nur noch 18,1% der heutigen Steuern gezahlt werden, um dem Gemeinwesen dieselben Mittel zur Verfügung stellen zu können wie heute.

Geldschöpfung

Der Vorgang der Geldschöpfung durch die Zentralbanken ist sicherlich leicht nachvollziehbar und logisch.

Den Vorgang der Giralgeldschöpfung möchten wir aber an einem konkreten Beispiel erläutern, wobei wir uns an Bernd Senf [26] orientieren:

Nehmen wir an, ein Kunde A zahlt 100,- Euro Bargeld auf sein Girokonto bei seiner Bank ein. Er bekommt von seiner Bank dafür 100,- Euro auf sein Konto gut geschrieben. Dieses Guthaben nennt man Sichteinlage. Der Kunde kann jederzeit darüber verfügen, durch eine bargeldlose Überweisung oder durch Barabhebung.

Die Bank lässt die eingezahlten 100,- Euro nun nicht einfach so herumliegen, bis der Kunde vielleicht irgendwann etwas davon abhebt. Wenn der Kunde eine Überweisung an einen anderen Kunden B derselben Bank tätigt, muss die Bank die 100,- Euro nicht einmal anfassen, denn sie braucht im Computer nur einen Betrag vom Konto von A abziehen und beim Konto von B hinzuzählen. So hat die Bank einen gewissen Erfahrungswert, welcher Prozentsatz ihrer Einlagen als Bargeldreserve (banktechnische Mindestreserve) nötig ist, um die laufenden Abhebungen und Umbuchungen an andere Banken gut bewältigen zu können. Dazu kommt noch die gesetzliche vorgeschriebene Mindestreserve, die sie bei der Zentralbank hinterlegen muss. Mit dem Rest des Geldes will sie arbeiten.

Um welche Zahlen geht es hier? Nun, die Rücklagen der Banken belaufen sich insgesamt auf ca. 3% der Sichteinlagen. Mit 97% wird sie somit arbeiten. D.h. von den 100 eingezahlten Euros wird sie nur 3 als Rücklage behalten. 97 Euro sind Überschussreserve, von der übrigens nicht einmal gesetzlich geklärt ist, wem sie gehört. Da dies gesetzlich nicht geklärt ist, betrachtet es die Bank als in Ordnung, über die Überschussreserve zu verfügen, ohne den Kunden A zu informieren.

Sie könnte nun die 97 Euro an einen neuen Kreditnehmer als Kredit vergeben, oder sie könnte so tun, als wären die 97 Euro die Mindestreserve für einen neuen Kredit. Auf diese Weise vergibt sie also an einen Kunden C einen Kredit über 3233,33 Euro. Das bedeutet, dass sie dem Konto von C 3233,33 Euro gutschreibt. Von dieser Sichteinlage muss sie ja 3% Rücklage nachweisen, das sind genau die 97 Euro, die sie von A noch hat.

Die Bilanz bekommt dadurch eine Verbindlichkeit in Höhe von 3233,33 Euro, da C ja gegebenenfalls über die Kreditsumme verfügen möchte. Gleichzeitig hat sie eine Forderung gegenüber C in Höhe von 3233,33 Euro, da C diesen Betrag ja zurückzahlen muss (mit Zins und Zinseszins). Die Bilanz der Bank weist somit sowohl auf der Aktiv-, als auch auf der Passivseite 3233,33 Euro auf – ein erfolgsneutraler Vorgang. Allerdings wird die Bank auf die 3233,33 Euro Zinsen verdienen, bzw. falls der Kunde den Kredit nicht tilgen kann, wird sie ganz legal sein Eigentum wegnehmen, das er als dingliche Sicherheit für den Kredit verwendet hat.

Was ist nun aber faktisch geschehen? Die Bank hat 100 Euro Bargeld erhalten und hat darauf 3233,33 Euro als Kreditsumme vergeben – nur durch reine Buchungsvorgänge. Auf diese Weise sind 3133,33 Euro „entstanden", geschöpft worden, die vorher gar nicht da waren. Das ist zwar kein Bargeld, aber dennoch ist dieses Giralgeld genau so real verwendbar.

Übrigens verschwindet dieses Giralgeld in dem Maße wieder, wie Kunde C seinen Kredit tilgt.

Nun betrachten wir den gesamten Vorgang noch aus einem ganz anderen Blickwinkel:

Die Bank hat ein paar Buchungsvorgänge getätigt, und dadurch ist Geld entstanden, das der Kunde C mit Zinsen zurückzahlen muss, ohne dass die Bank eine entsprechende Gegenleistung erbracht hätte.

Vergleichen wir das mit dem Wortlaut von §291 StGB (Wucher):

*(1) Wer die Zwangslage, die Unerfahrenheit, den Mangel an Urteilsvermögen oder die erhebliche Willensschwäche eines anderen dadurch ausbeutet, dass er sich oder einem Dritten
1. für die Vermietung von Räumen zum Wohnen oder damit verbundene Nebenleistungen,
2. für die Gewährung eines Kredits,
3. für eine sonstige Leistung oder
4. für die Vermittlung einer der vorbezeichneten Leistungen
Vermögensvorteile versprechen oder gewähren lässt, die in einem auffälligen Missverhältnis zu der Leistung oder deren Vermittlung stehen, wird mit Freiheitsstrafe bis zu drei Jahren*

oder mit Geldstrafe bestraft. Wirken mehrere Personen als Leistende, Vermittler oder in anderer Weise mit und ergibt sich dadurch ein auffälliges Missverhältnis zwischen sämtlichen Vermögensvorteilen und sämtlichen Gegenleistungen, so gilt Satz 1 für jeden, der die Zwangslage oder sonstige Schwäche des anderen für sich oder einen Dritten zur Erzielung eines übermäßigen Vermögensvorteils ausnutzt.

(2) In besonders schweren Fällen ist die Strafe Freiheitsstrafe von sechs Monaten bis zu zehn Jahren. Ein besonders schwerer Fall liegt in der Regel vor, wenn der Täter

1. durch die Tat den anderen in wirtschaftliche Not bringt,

2. die Tat gewerbsmäßig begeht,

3. sich durch Wechsel wucherische Vermögensvorteile versprechen lässt.

Genau dies macht die Bank, wie wir oben gesehen haben, und zwar gewerbsmäßig.

Federal Reserve Bank

Die Federal Reserve Bank (FED) wurde am 23.12.1913 durch den Federal Reserve Act gegründet. Dieser gesetzgeberische Vorgang wurde von langer Hand vorbereitet und inszeniert. Bereits 1910 fand ein geheimes Treffen einiger der einflussreichsten Bankiers statt, die sich auf die Gründung eines privaten Bankenkartells verständigten, das per Gesetz das Geldschöpfungsmonopol für den US-Doller bekommen sollte. Dazu musste jedoch neben viel Lobby-Arbeit auch der Präsident ausgetauscht werden. Zu diesem Zweck wurde 1912 eine neue Partei, die Progressive Party, gegründet, die sich 1916 bereits wieder auflöste, aber einen entscheidenden Einfluss auf den Wahlausgang 1912 hatte. Nur wenige Monate nach Amtsantritt des neuen Präsidenten Woodrow Wilson wurde dann die Abstimmung über das Gesetz auf einen Tag vor Weihnachten gelegt, wo man nur noch mit geringer Anwesenheit und Aufmerksamkeit der Abgeordneten rechnen konnte.

Für die näheren Einzelheiten und weiteren Zusammenhänge sei auf die einschlägige Literatur verwiesen [27, 3]

Währungsrechtliche Grundlagen

Im Zusammenhang mit Geld stößt man immer wieder auf verschiedene Begriffe, die meist als austauschbar betrachtet und auch so verwendet werden.

Bei näherem Hinsehen haben diese Begriffe aber stark unterschiedliche Bedeutungen und sind gleichzeitig mit einem eng definierten rechtlichen Hintergrund verknüpft. Deshalb sollen sie hier einmal genauer betrachtet werden.

Zunächst ist Geld ein Zahlungsmittel, denn wir wollen damit ja Waren und Dienstleistungen kaufen und bezahlen. Hier gibt es jedoch die Unterscheidung zwischen öffentlichen Zahlungsmitteln und gesetzlichen Zahlungsmitteln. Daneben gibt es den Begriff Währung, bzw. gesetzliche Währung. Was bedeuten alle diese Begriffe?

1. Öffentliches Zahlungsmittel

Ein öffentliches Zahlungsmittel ist ein in einem bestimmten Gebiet oder einer Gesellschaft allgemein akzeptiertes Zahlungsmittel. D.h. alle haben sich ausdrücklich oder stillschweigend darauf geeinigt, das Zahlungsmittel als solches zu akzeptieren.

2. Gesetzliches Zahlungsmittel

Im Unterschied zum öffentlichen Zahlungsmittel gibt es für das gesetzliche Zahlungsmittel eine gesetzliche Grundlage. D.h. ein legitimierter Gesetzgeber hat das Zahlungsmittel mittels eines Gesetzes zum gesetzlichen Zahlungsmittel gemacht. Es besteht daher ein Annahmezwang und eine gesetzliche Regelung bzgl. der Herstellung und Verbreitung von Falschgeld.

3. Währung

Das Wort „Währung" kommt aus dem Mittelhochdeutschen und hat etwas mit Gewährleistung zu tun. Eine Währung ist ein Zahlungsmittel, das mit dem Recht auf eine definierte Gegenleistung verbunden ist. Somit kann es eine Währung nur geben, wenn eine gesetzliche Grundlage dazu vorhanden ist, wenn es sich also um eine gesetzliche Währung handelt.

4. Gesetzliche Währung

Eine gesetzliche Währung ist ein gesetzliches Zahlungsmittel, das auf Grund eines Gesetzes in einem Staat geschaffen wurde, und für das per Gesetz dauerhaft das Recht auf eine Gegenleistung für die zuvor erbrachte Leistung gewährt und garantiert wird.

Eine Währung wird also auch einer weiteren Funktion gerecht, für die Geld im allgemeinen genutzt wird: Sie ist ein Wertbewahrungsmittel.

Dazu ist es unabdingbar, dass das Geld seinen Wert bewahrt, d.h. dass man für eine bestimmte Menge Geld die gleiche Gegenleistung wieder erhalten kann, die man als Leistung aufbringen musste, um das Geld zu bekommen – egal nach welchem Zeitraum.

Geld ist hier also ein Anrecht auf Konsum. Wenn jemand eine Leistung erbracht hat, erhält er eine Quittung in Form einer Banknote, die sein Recht auf eine adäquate Gegenleistung gewährt. Der Staat oder die öffentlich-rechtliche Körperschaft als von den Bürgern legitimierte hoheitliche Gewalt und Diener an den Bürgern ist durch das geschaffene Gesetz dazu verpflichtet, dieses Recht auf Konsum zu gewähren und zu garantieren. Die Banknote ist somit eine Urkunde, die das Recht gewährt, einen adäquaten Gegenwert für zuvor erbrachte Leistungen einzufordern.

Gleichzeitig besteht für den Bürger die Verpflichtung, dieses Zahlungsmittel anzunehmen.

Betrachten wir einige Beispiele:

i

S. 169 - Der Dollar ist ein gesetzliches Zahlungsmittel per Gesetz des Kongresses der USA. Der Dollar ist allerdings keine Währung, da er von der FED herausgegeben und gegen Zinsen verliehen wird. Weder die FED als private Bank, noch der Staat, der nicht der Emittent des Dollars ist, können eine Garantie auf den dauerhaften Wert des Dollars geben. Somit sind Dollar-Scheine auch keine Banknoten, nur Geldscheine.

i

S. 183 - Der Euro ist in der BRD nur ein öffentliches Zahlungsmittel. Da die EU kein Staat und auch keine öffentlich-rechtliche Körperschaft ist, fehlt die Grundlage für ein gesetzliches Zahlungsmittel. Ein Verweis auf das Gesetz über die Deutsche Bundesbank in der BRD ändert an dieser Tatsache nichts, da die BRD ebenfalls kein Staat ist. Ein Annahmezwang, der zu einem gesetzlichen Zahlungsmittel gehören würde, besteht nicht, wie man bei 500 Euro-Scheinen allenthalben feststellen kann.

Ebenso gibt es kein Anrecht auf Konsum oder eine Gegenleistung mehr, weshalb der Euro keine Währung ist. Die hohe Teuerungsrate belegt dies obendrein. Die Euro-Scheine sind also auch keine Banknoten, ihre Fälschung wird nur wegen Verstoßes gegen das Urheberrecht verfolgt (s. © - Symbol oben auf der Vorderseite, rechts neben der Europa-Flagge oder links unten in der Ecke).

- Die Mark (Goldmark) des Deutschen Kaiserreichs ab 1871 war eine gesetzliche Währung. Sie war goldgedeckt, was auf den Banknoten durch den Aufdruck: „Einhundert Mark zahlt die Reichsbankhauptkasse in Berlin ohne Legitimationsprüfung dem Einlieferer dieser Banknote" zum Ausdruck gebracht wurde. Somit war eine adäquate Gegenleistung gewährt. Die Fälschung wurde per Gesetz als Straftat geahndet. Deshalb trugen die Banknoten den Satz: „Wer Banknoten nachmacht oder verfälscht, oder nachgemachte oder verfälschte sich verschafft und in Verkehr bringt, wird mit Zuchthaus nicht unter zwei Jahren bestraft."

Was sind nun die konkreten praktischen Auswirkungen der Art des Geldes?

	Öffentliches/Gesetzliches Zahlungsmittel	Gesetzliche Währung
Preise	hohe Inflations-/ Teuerungsrate	Preisstabilität
Arbeitslosigkeit	hoch	keine oder wenig
Marktverhalten	starker Konkurrenzkampf, Monopolisierung	fair
Firmenpleiten	viele	wenige
Armut	hoch, zunehmend	wenig
Steuern und Abgaben	hoch	keine oder wenig
Kriminalität	hoch	gering
Soziale Struktur	Umschichtung von Arm zu Reich	Gleiche Chancen für alle
Ausbeutung von Mensch und Natur	stark	gering
Umwelt	Zerstörung	Erhaltung
	Kriege	Frieden

Ein zinsbehaftetes Geldsystem führt durch den exponentiellen Wachstumsdruck unweigerlich zu einem starken Konkurrenzkampf mit rücksichtslosem Profitstreben (durch Ausbeutung von Mensch und Natur, Umweltzerstörung, Kriminalität, Kriege), einer hohen Inflationsrate mit zunehmender Armut, Firmenpleiten, Monopolisierung und hoher Arbeitslosigkeit.

Wenn die Kaufkraft des Euro immer geringer wird und die Euro-Scheine immer weniger Wert (oder irgendwann gar keinen mehr) haben, dann kann man nicht dagegen klagen. Denn niemand hat eine Gewähr gegeben, wie das bei einer gesetzlichen Währung der Fall wäre.

Zusammenfassung:

Voraussetzungen für eine gesetzliche Währung:

1. Ein wirklicher Staat (mit Staatsvolk, Staatsgebiet, Staatsverfassung und vom Volk legitimierten Hoheitsträgern, die Gesetze rechtswirksam beschließen können).

2. Die Möglichkeit für den Staat, das Geld selbst zu schöpfen, zu drucken und auszugeben.

3. Ein von diesem Staat geschaffenes Gesetz, auf dem die Rechtmäßigkeit der Währung beruht.

4. Zins- und Zinseszinslosigkeit, um dauerhafte Wertstabilität der Währung garantieren zu können und jedem Zahlungsmittelinhaber auch in Zukunft noch die im Wert gleiche Gegenleistung für die zuvor erbrachte Leistung gewähren zu können.

5. Eine Wertehinterdeckung hinter dem Papiergeld, um das Anrecht auf Konsum dauerhaft jedem Zahlungsmittelinhaber zu gewähren.

Staat

Im Jahr 1900 stellte der deutsche Staatsrechtler Georg Jellinek eine Definition für einen Staat auf, die er als „Drei-Elemente-Lehre" in seinem Hauptwerk „Allgemeine Staatslehre" [28] veröffentlichte. Danach ist ein Staat ein soziales Gebilde mit folgenden drei Merkmalen:

- Staatsgebiet
- Staatsvolk
- Staatsgewalt

Diese Definition ist seitdem allgemein – auch international – als Definition anerkannt und zu einem Bestandteil des Völkergewohnheitsrechts geworden.

Sie findet sich auch in der „Konvention von Montevideo über Rechte und Pflichten von Staaten" von 1933 [29], die in ihrem Artikel 1 einen Staat als eine Völkerrechtsperson definiert, die die 3 Elemente von Jellinek und zusätzlich noch die Fähigkeit besitzt, mit anderen Staaten in Beziehung zu treten. Im Artikel 3 steht dort übrigens, dass die Existenz eines Staates unabhängig von seiner Anerkennung durch andere Staaten ist.

Ob die Konvention von Montevideo allgemein oder nur für die Unterzeichnerstaaten anzuwenden ist, wird unterschiedlich ausgelegt. Im allgemeinen wird sie jedoch als für alle Völkerrechtssubjekte gültig interpretiert, da sie nur existierende Gesetzesnormen kodifiziert.

In Europa kommt die allgemein übliche Definition eines Staates in dem ersten Gutachten der Badinter-Kommission [30] zum Ausdruck, die am 27.8.1991 von der Europäischen Gemeinschaft zur Erstellung von völkerrechtlichen Gutachten vor dem Hintergrund des Zerfalls Jugoslawiens eingesetzt worden war und deren Mitglieder u.a. die damaligen Präsidenten des deutschen, französischen, italienischen, spanischen und belgischen Verfassungsgerichts waren. In diesem Gutachten wird ein Staat als eine Gemeinschaft definiert, die aus einem Staatsgebiet und einem Staatsvolk besteht, das einer organisierten politischen Autorität unterworfen ist – also wieder die 3 Elemente Jellineks.

Dennoch erscheint es heute, nach weiter über 100 Jahren und in einer drastisch veränderten sozialen und geopolitschen Gesamtstruktur, an der Zeit zu hinterfragen, ob die Drei-Elemente-Lehre Jellineks noch immer zeitgemäß ist.

Zur Zeit Jellineks war jeder Staat mit „Gewalt" verbunden, und wenn ein Staat dies nicht gewesen wäre, dann hätten andere Staaten mit stärkerer „Gewalt" ihm früher oder später ein Ende bereitet.

Heute ist dies anders. Heute wollen die Menschen eher weniger Staatsgewalt, sie brauchen den Staat nicht mehr primär zum Schutz vor Nachbarvölkern, sondern suchen lebensunterstützende und -erleichternde organisationelle Strukturen für ihr Leben.

Und in einer Zeit, in der es allein auf deutschem Boden ein erstes, zweites, drittes Reich, eine BRD – dazwischen noch eine DDR – gibt, dazu einen „aufgelösten" Staat Preußen, die alle nach ihrem eigenen positiven Recht oder auch nach dem Völkerrecht nicht wirksam beendet oder transformiert wurden, dazu immer mehr handelsrechtliche Unternehmen, die ehemalige hoheitliche Strukturen mehr oder weniger merklich ablösen, stellt sich die Frage nach einer gültigen und wirksamen Definition von „Staat" umso mehr.

Interessanterweise war Jellinek auch der Schöpfer des Begriffs der „Normativen Kraft des Faktischen", also offensichtlich ein Empiriker, der damals aus der Betrachtung der existierenden Staaten seine Drei-Elemente-Lehre gewonnen hat. Heute würde er wahrscheinlich die BRD aufgrund der normativen Kraft des Faktischen als Staat betrachten, das erste, zweite, dritte Reich wohl nicht mehr, aber sicherlich würde er auch das Königreich Deutschland als Staat akzeptieren, denn es existiert unweigerlich seit mehr als 8 Jahren mit allen drei Elementen seiner Definition, hat eine echte Verfassung und bietet zudem seinem Staatsvolk funktionierende lebenserleichternde hoheitliche Strukturen.

Möglicherweise sollte dieses letzte Merkmal noch in die allgemeine Definition eines Staates aufgenommen werden. Doch ob Jellinek das als Empiriker heute tun würde, ist wohl eher fraglich, da die Strukturen in vielen der bestehenden Staaten eher lebenserschwerend als -erleichternd sind.

Subsidiaritätsprinzip

Subsidiarität (von lat. subsidium „Hilfe, Reserve") ist eine Rechts-
und Staatsidee, die – im Gegensatz zum zentralistischen „römischen"
Staatssystem – das Individuum und seine Selbstverwirklichung in den
Mittelpunkt stellt.

Es besagt, dass das, was vom Individuum erfüllt werden kann, bei
diesem zu belassen ist, ebenso wie das, was die Familie, eine größere
Gruppe oder eine Gemeinde von Menschen selbst zu erreichen in der
Lage ist, ihr nicht entzogen werden darf.

Allgemein kann man sagen, dass Aufgaben, Handlungen und Pro-
blemlösungen so weit wie möglich von der kleinsten Gruppe oder
der untersten Ebene einer Organisationsform unternommen werden
sollten. Nur wenn dies nicht möglich ist, mit erheblichen Hürden und
Problemen verbunden ist oder der Mehrwert einer Zusammenarbeit offensichtlich ist und diese eine allgemeine Zustimmung erfährt, sollen
sukzessive größere Gruppen, öffentliche Kollektive oder höhere Ebenen
einer Organisationsform subsidiär, d.h. unterstützend, eingreifen (Quelle: Wikipedia, zuletzt zugegriffen am 29.8.2015).

Das Subsidiaritätsprinzip orientiert sich an den Sippen als größeren
Familienverbänden, wie sie bei den Germanen üblich waren. Diese Sippen waren in Dorfgemeinschaften eingebunden, standen untereinander
in Verbindung und leisteten sich gegenseitig Hilfe und Beistand.

Nach der Reformation fand dieses Prinzip Eingang in die calvinistische
Konzeption des Gemeinwesens und im 19. Jahrhundert auch in die
katholische Soziallehre.

Heute ist das Subsidiaritätsprinzip in der BRD nach Art. 23 Grundgesetz und in der EU nach Art. 5 des EU-Vertrags von Lissabon ein
anzuwendender Grundsatz. Auch ohne explizite Erwähnung findet es
sich von Anfang an in den Artikeln 1, 2 (Individuum), 6 (Familie), 9
(Zusammenschlüsse größerer Interessengruppen) und 28 (Gemeinden
als Gebietskörperschaften mit Rechtsetzungskompetenz) des Grundgesetzes wieder.

Wichtig ist dabei, dass die Vorteilhaftigkeit der Inanspruchnahme von
übergeordneten Rechten oder Regelungsvorbehalten der größeren Gemeinschaft gegenüber der kleineren Gemeinschaft oder dem Individuum jeweils von der größeren Gemeinschaft bewiesen werden muss.

Weiterhin muss sich die größere Gemeinschaft wieder zurückziehen und auf ein eventuelles erneutes Hilfsgesuch warten, wenn die kleinere Gemeinschaft durch gewährte Hilfe zur Selbsthilfe so weit in ihrer Fähigkeit gewachsen ist, dass sie diese Aufgaben mindestens gleichwertig ausführen kann und ihre Unabhängigkeit von der größeren Gemeinschaft wünscht.

Hierzu noch zwei Zitate des Philosophieprofessors Otfried Höffe [32]:

„Dagegen erinnert das Subsidiaritätsprinzip daran, dass politische Macht nicht von oben kommt und gegebenenfalls wie eine Gnade nach unten weitergegeben wird. Sie wird von unten, der Civitas, verliehen und dem Staat nur unter der Bedingung übertragen, dass er der Civitas dient."

„Gemeinden haben im Verhältnis zu den Gliedstaaten (den Bundesländern, Départements oder Kantonen) einerseits das Recht, ihre Angelegenheiten selber zu regeln, und andererseits das Recht, Hilfe immer dann in Anspruch zu nehmen, wenn sie ihre Aufgaben allein nicht bewältigen können."

Grundgesetz

Das Grundgesetz bildet die grundlegende Ordnung der BRD. Sie ist aber keine Verfassung. Denn über eine Verfassung findet immer eine Abstimmung (Referendum) statt. Durch ein Referendum bekennt sich das Staatsvolk zu dem Entwurf einer niedergeschriebenen grundlegenden Ordnung und akzeptiert diese als allgemeingültiges Recht aufgrund seiner freien Wahlentscheidung. Erst durch diesen Akt ist die Verfassung bindendes geltendes Recht geworden und als „Verfassung" ins Leben getreten. Es braucht immer erst die freie Willensentscheidung des Staatsvolkes, damit eine Grundordnung zu einer echten Verfassung werden kann.

Dieser Sachverhalt wird im Grundgesetz selbst bestätigt:

Art. 146
Dieses Grundgesetz, das nach Vollendung der Einheit und Freiheit Deutschlands für das gesamte deutsche Volk gilt, verliert seine Gültigkeit an dem Tage, an dem eine Verfassung in Kraft tritt, die von dem deutschen Volke in freier Entscheidung beschlossen worden ist.

Anhang EV
Art. 5
Die Regierungen der beiden Vertragsparteien empfehlen den gesetzgebenden Körperschaften des vereinten Deutschlands, sich innerhalb von zwei Jahren mit den im Zusammenhang mit der deutschen Einigung aufgeworfenen Fragen zur Änderung oder Ergänzung des Grundgesetzes zu befassen, insbesondere ... mit der Frage der Anwendung des Artikels 146 des Grundgesetzes und in deren Rahmen einer Volksabstimmung.

Weitere Artikel, die in diesem Buch zitiert werden:
Art. 23
(1) Zur Verwirklichung eines vereinten Europas wirkt die Bundesrepublik Deutschland bei der Entwicklung der Europäischen Union mit, die demokratischen, rechtsstaatlichen, sozialen und föderativen Grundsätzen und dem Grundsatz

der Subsidiarität verpflichtet ist und einen diesem Grundgesetz im wesentlichen vergleichbaren Grundrechtsschutz gewährleistet.

(1a) Der Bundestag und der Bundesrat haben das Recht, wegen Verstoßes eines Gesetzgebungsakts der Europäischen Union gegen das Subsidiaritätsprinzip vor dem Gerichtshof der Europäischen Union Klage zu erheben.

Art. 25
Die allgemeinen Regeln des Völkerrechtes sind Bestandteil des Bundesrechtes. Sie gehen den Gesetzen vor und erzeugen Rechte und Pflichten unmittelbar für die Bewohner des Bundesgebietes.

Art. 28
Den Gemeinden muss das Recht gewährleistet sein, alle Angelegenheiten der örtlichen Gemeinschaft im Rahmen der Gesetze in eigener Verantwortung zu regeln.

Art. 133
Der Bund tritt in die Rechte und Pflichten der Verwaltung des Vereinigten Wirtschaftsgebietes ein.

Verfassungsgrundsätze

Verfassungsgrundsätze sind die wesentlichen Grundlagen einer demokratischen Staatsordnung. Sie sind im §92(2) StGB explizit aufgeführt:

§92 StGB
(2) Im Sinne dieses Gesetzes sind Verfassungsgrundsätze

1. *das Recht des Volkes, die Staatsgewalt in Wahlen und Abstimmungen und durch besondere Organe der Gesetzgebung, der vollziehenden Gewalt und der Rechtsprechung auszuüben und die Volksvertretung in allgemeiner, unmittelbarer, freier, gleicher und geheimer Wahl zu wählen,*
2. *die Bindung der Gesetzgebung an die verfassungsmäßige Ordnung und die Bindung der vollziehenden Gewalt und der Rechtsprechung an Gesetz und Recht,*
3. *das Recht auf die Bildung und Ausübung einer parlamentarischen Opposition,*
4. *die Ablösbarkeit der Regierung und ihre Verantwortlichkeit gegenüber der Volksvertretung,*
5. *die Unabhängigkeit der Gerichte und*
6. *der Ausschluss jeder Gewalt- und Willkürherrschaft.*

Folgerungen:
Die Oberbürgermeister und die direkt gewählten Räte sind die Einzigen, die auf die oben genannte Weise gewählt werden. Somit sind sie die einzige Volksvertretung. Sowohl die Bundestags- als auch die Landtagsabgeordneten werden nicht auf unmittelbare und gleiche Art gewählt. Das hat auch das Bundesverfassungsgericht am 25. Juli 2012 im Urteil 2 BvF 3/11 gerügt. Sie können und sollen damit auch keine Volksvertretung sein.
Die Menschen der Städte und Gemeinden haben mit ihren in den Gemeinden gewählten Volksvertretern das Recht, ihre Staatsgewalt zu wählen und selbst durch besondere Organe der Gesetzgebung, der vollziehenden Gewalt und der Rechtsprechung auszuüben (1. Verfassungsgrundsatz).

Die Städte und Gemeinden haben auch das Recht, sich an eine verfassungsmäßige Ordnung zu binden und ihre Gesetzgebung an diese Verfassung zu binden (2. Verfassungsgrundsatz). Dabei haben sich auch die vollziehende Gewalt und die Rechtsprechung in der Gemeinde oder Stadt an diese Verfassung und die nachrangigen Gesetze zu halten.

Das deutsche Volk hat das Recht auf eine parlamentarische Opposition. Das heißt nicht, dass es dabei einer Partei im Parlament bedarf (3. Verfassungsgrundsatz).

Jede Stadt und jede Gemeinde hat das Recht, sich von der sog. „Bundesregierung" und der „Landesregierung" zu lösen (4. Verfassungsgrundsatz). Damit steht ihr das Recht zu, völlig autonom zu sein oder sich auch einer anderen deutschen Regierung anzuschließen, die als Opposition Staatsgewalt ausüben kann.

Souveränität Deutschlands

Bezüglich der Frage des völkerrechtlichen Status Deutschlands gibt es verschiedene Darstellungs- und Betrachtungsebenen.

Wie wir alle wissen, wurde Deutschland nach der bedingungslosen Kapitulation der deutschen Wehrmacht am 8.5.1945 von den alliierten Siegermächten besetzt.

Am 23.5.1949 wurde dann auf dem Gebiet der drei westlichen Besatzungszonen unter der Kontrolle der Besatzungsmächte die Bundesrepublik Deutschland mit dem Grundgesetz als Verfassung gegründet. Auf dem Gebiet der Sowjetischen Besatzungszone wurde am 7.10.1949 die DDR mit einer eigenen Verfassung gegründet.

Am 5.5.1955 traten die Pariser Verträge in Kraft, darunter der Deutschlandvertrag, der das Besatzungsstatut der BRD aufhob [34].

Mit der deutschen Wiedervereinigung und dem Inkrafttreten des Zwei-plus-Vier-Vertrags als Friedensvertrag am 15.3.1991 [35] erlangte Deutschland dann seine volle Souveränität als Staat wieder.

Dies ist die oberflächliche Sicht der Dinge, wie sie in den Schulen gelehrt wird. Schauen wir nun etwas genauer hin, so stellen wir einige Auffälligkeiten fest:

- In Art. 1 (1) der Pariser Verträge, bzw. des darin enthaltenen Deutschlandvertrags [34] wird festgestellt, dass die BRD „volle Macht über ihre inneren und äußeren Angelegenheiten" hat. In Art. 2 (1) steht jedoch, dass „die Drei Mächte ... die bisher von ihnen ausgeübten oder innegehabten Rechte in Bezug auf ... Berlin und Deutschland als Ganzes" behalten.

- Ferner steht in Art. 1 (2), dass die Alliierte Hohe Kommission aufgelöst wird. 35 Jahre später wird jedoch im Übereinkommen zur Regelung bestimmter Fragen in Bezug auf Berlin vom 25.9.1990 [36] in Artikel 1 nach wie vor vom Kontrollrat und von der Alliierten Hohen Kommission gesprochen.

- In Art. 5 der Pariser Verträge wurde eine bedeutende Einschränkung in Bezug auf die Souveränität der BRD gemacht, nämlich für den Fall eines Notstandes. Auch aus diesem Grund wurden am 30.5.1968 die umstrittenen Notstandsgesetze verabschiedet. Am 31.5.1968 verkündete das Auswärtige Amt daraufhin, dass die alliierten Vorbehaltsrechte endgültig erloschen seien [37]. Interessant ist darin der folgende Satz:

„Der entscheidende Unterschied ... ist, dass ... nicht mehr die Alliierten auf Grund des von ihnen vorbehaltenen Besatzungsrechts tätig werden, sondern deutsche Behörden auf Grund der sie bindenden deutschen Gesetzgebung." Mit anderen Worten: Es hat sich nichts geändert, das Besatzungsrecht wurde nur in BRD-Gesetze umgewandelt.

Dass trotzdem noch weitere alliierte Vorbehalte existierten, geht aus einer Bekanntmachung im Bundesgesetzblatt 1990 hervor [38].

Es stellt sich die Frage, wie viele solcher Vorbehalte heute noch existieren.

- Als Teil der Pariser Verträge wurde der „Vertrag über die Rechte und Pflichten ausländischer Streitkräfte und ihrer Mitglieder in der Bundesrepublik Deutschland" [39] geschlossen. Ferner trat die BRD 1955 der NATO bei und schloss 1959 das „Zusatzabkommen zu dem Abkommen zwischen den Parteien des Nordatlantikvertrages über die Rechtsstellung ihrer Truppen hinsichtlich der in der Bundesrepublik Deutschland stationierten ausländischen Truppen" [40]. Darin wird in Art. 3 die Verpflichtung zu einer engen Zusammenarbeit der deutschen Behörden mit den Behörden der Truppen statuiert.

Der Eindruck ist somit nicht von der Hand zu weisen, dass die Besatzungsrechte in dem einen Vertrag (teilweise) aufgehoben, dafür in anderen Verträgen neu geschlossen wurden, die übrigens heute auch nach der Wiedervereinigung noch unverändert gültig sind. Juristisch hat sich dafür die Floskel „Nachbefolgung westalliierten Besatzungsrechts durch die Bundesrepublik" eingebürgert.

- In dem am 12.9.1990 geschlossenen Zwei-plus-Vier-Vertrag [35] steht in Artikel 7, dass die vier Siegermächte „ihre Rechte und Verantwortlichkeiten in Bezug auf Berlin und Deutschland als Ganzes" beenden, und dass „das vereinte Deutschland ... demgemäß volle Souveränität über seine inneren und äußeren Angelegenheiten" hat. In den Tagen danach gab es jedoch einen intensiven diplomatischen Notenwechsel zwischen der BRD und den drei Westmächten über den Deutschlandvertrag und Überleitungsvertrag, sowie mit weiteren NATO-Mitgliedsstaaten über den Aufenthaltsvertrag, das NATO-Truppenstatut und das Zusatzabkommen von 1959 [41, 42, 43, 44]. Darin wurde vereinbart, dass die NATO-Verträge in Kraft bleiben, der Deutschlandvertrag außer Kraft gesetzt wird, aber Teile des Überleitungsvertrags [46] weiterhin gültig bleiben, u.a. Art. 2(1): „Alle Rechte und Verpflichtungen, die durch gesetzgeberische, gerichtliche oder Verwaltungsmaßnahmen der

Besatzungsbehörden oder auf Grund solcher Maßnahmen begründet oder festgestellt worden sind, sind und bleiben in jeder Hinsicht nach deutschem Recht in Kraft, ohne Rücksicht darauf, ob sie in Übereinstimmung mit anderen Rechtsvorschriften begründet oder festgestellt worden sind. Diese Rechte und Verpflichtungen unterliegen ohne Diskriminierung denselben künftigen gesetzgeberischen, gerichtlichen und Verwaltungsmaßnahmen wie gleichartige nach innerstaatlichem deutschem Recht begründete oder festgestellte Rechte und Verpflichtungen." Das erscheint wie ein mustergültiges Vorbild für einen Freibrief und wird in [45] mit den folgenden Worten kommentiert: „Dieser Notenwechsel bedarf wegen seines deklaratorischen Charakters nicht der Zustimmung der gesetzgebenden Körperschaften und bleibt von der Herstellung der deutschen Einheit bzw. der Suspendierung der Rechte und Verantwortlichkeiten der Vier Mächte unberührt."
- In einem höchst aufschlussreichen Aufsatz [47] beschreibt der ehemalige Bundesminister Egon Bahr, wie Willy Brandt nach seiner Wahl zum Bundeskanzler in drei Briefen an die Botschafter der drei Westmächte Vorbehaltsrechte bestätigen musste, die bereits alle seine Amtsvorgänger bestätigt hatten. Wie viele solche geheime Nebenabreden oder Geheimverträge existieren heute noch?

Nun wollen wir die Sache nochmals in Bezug auf das Völkerrecht unter die Lupe nehmen.

In der Berliner Erklärung vom 5.6.1945 [48] erklärten die alliierten Siegermächte, dass sie die oberste Regierungsgewalt im Gebiet des Deutschen Reiches übernehmen, nachdem ihnen durch die bedingungslose Kapitulation der deutschen Wehrmacht das Recht dazu eingeräumt worden war. In dieser Erklärung wurde betont, dass die Übernahme der Regierungsgewalt nicht die Annektierung Deutschlands bedeute, außerdem wurden die „Grenzen nach dem Stande vom 31. Dezember 1937" als Grundlage für die Organisation der Besatzung festgelegt.

Nach Artikel 43 der Haager Landkriegsordnung [49] waren die Besatzungsmächte nun verpflichtet, „alle ... Vorkehrungen zu treffen, um nach Möglichkeit die öffentliche Ordnung und das öffentliche Leben wiederherzustellen und aufrechtzuerhalten, und zwar, soweit kein zwingendes Hindernis besteht, unter Beachtung der Landesgesetze."

Zu diesem Zweck wurde zunächst das vereinigte Wirtschaftsgebiet geschaffen, das zuerst aus der Bizone (amerikanisch und britisch besetzte

Zone) bestand und dann unter Einbeziehung der französisch besetzten Zone zur Trizone erweitert wurde. Gleichzeitig gingen die drei westalliierten Besatzungsmächte daran, einen neuen „westdeutschen" Staat zu gründen. Am 1.7.1948 übergaben sie den Ministerpräsidenten der Länder die „Frankfurter Dokumente" [50], in denen sie bestimmten, dass eine verfassunggebende Versammlung einberufen werden und durch sie eine demokratische Verfassung ausgearbeitet werden solle. Nach Genehmigung durch die Militärgouverneure solle diese Verfassung in den Ländern durch ein Referendum ratifiziert werden. Weiterhin führten sie aus, wie die Kontrolle der künftigen deutschen Regierung durch die Besatzungsmächte aussehen solle.

Daraufhin trafen sich die Ministerpräsidenten der Westzonen im Hotel Rittersturz bei Koblenz und beschlossen, diesen Vorschlägen nur bedingt zu folgen. Sie wollten keine staatliche Teilung Deutschlands und einigten sich deshalb darauf, keinen richtigen Staat zu gründen, sondern nur ein Provisorium, und dementsprechend auch keine richtige Verfassung auszuarbeiten, sondern nur ein „Grundgesetz". Diese Koblenzer Beschlüsse wurden am 10.7.1948 veröffentlicht [51]. Carlo Schmid, einer der Väter des Grundgesetzes, formulierte dazu prägnant, dass „ein Staat ein Staatsvolk voraussetzt und dass es ein westdeutsches Staatsvolk nicht gibt, sondern nur ein gesamtdeutsches." So wurde dann am 23.5.1949 das von den Militärgouverneuren der drei westlichen Besatzungszonen genehmigte und von den „Volksvertretern" der Ländern (ohne Volksabstimmung) angenommene Grundgesetz verkündet und so die „Bundesrepublik Deutschland" gegründet, die nach Art. 133 des Grundgesetzes die „Verwaltung des vereinigten Wirtschaftsgebietes" übernahm. Kurz zuvor, am 12.5.1949 war das Besatzungsstatut für die BRD von den drei Militärgouverneuren und Oberbefehlshabern verkündet worden.

Ähnlich wurde in der sowjetisch besetzten Zone verfahren, indem dort die DDR als Verwaltungskonstrukt gegründet wurde.

Somit gab es in Deutschland nun 3 juristische Gebilde:

- Das Deutsche Reich mit der Weimarer Verfassung, das von den Siegermächten besetzt und mangels Institutionen und Amtsträgern funktionsunfähig war. Hier ist in Bezug auf Verfassung und Gesetze immer vom Stand des 4.3.1933 auszugehen, da die Zusammensetzung des Reichstags nach den Wahlen vom 5.3.1933 verfassungswidrig war und somit zwischen dem 5.3.1933 und dem 8.5.1945 keine wirksamen Gesetze erlassen werden konnten. Dies wurde bereits am 6.1.1947 von dem von den Alliierten in Rastatt eingerichteten Tribunal Général entschieden.

- Die Bundesrepublik Deutschland (BRD) als staatsähnliches Verwaltungskonstrukt der drei westlichen Siegermächte in den westlichen Besatzungszonen mit dem verfassungsähnlichen Grundgesetz als grundlegende Ordnung.

- Die Deutsche Demokratische Republik (DDR) als staatsähnliches Verwaltungskonstrukt der Sowjetunion in der sowjetisch besetzten Besatzungszone mit der DDR-Verfassung als grundlegende Ordnung (die erst 1968 durch eine Volksabstimmung zu einer richtigen Verfassung wurde).

(- Eigentlich gibt es noch ein 4. juristisches Gebilde, nämlich das Deutsche Kaiserreich von 1871, das 1918 illegal beendet wurde, als der Kaiser ins Exil geschickt wurde, ohne dass ein legitimer Reichsverweser bestimmt worden wäre. Doch das soll hier nicht weiter betrachtet werden.)

Die BRD und die DDR schlossen am 31.8.1990 den Einigungsvertrag („Vertrag zwischen der Bundesrepublik Deutschland und der Deutschen Demokratischen Republik über die Herstellung der Einheit Deutschlands") [52], der die Modalitäten der Vereinigung dieser beiden Verwaltungskonstrukte regelte. Dazu wurden am 22.7.1990 durch das Ländereinführungsgesetz fünf neue Länder auf dem Gebiet der DDR gegründet. Diese Länder traten am 3.10.1990 der BRD bei, nachdem sich die DDR am 2.10.1990 selbst aufgelöst hatte.

Zuvor wurden am 12.9.1990 die merkwürdigen Zwei-plus-Vier-Verträge [35] geschlossen. Als Vertragsparteien wurden darin die vier Siegermächte, die BRD und die DDR genannt. In fast dem gesamten Vertrag geht es dann aber um „das vereinte Deutschland" – wie eine noch näher zu definierende, bzw. zu schaffende neue Entität, die noch gar nicht existiert. So heißt es beispielsweise in Art. 9: „Dieser Vertrag tritt für das vereinte Deutschland, die Französische Republik, das Vereinigte Königreich Großbritannien und Nordirland, die Union der Sozialistischen Sowjetrepubliken und die Vereinigten Staaten von Amerika am Tag der Hinterlegung der letzten Ratifikations- oder Annahmeurkunde durch diese Staaten in Kraft." Das „vereinte Deutschland" soll also demnach ein Staat sein, der diesen Vertrag ratifizieren soll. Es war aber nicht als eine der Vertragsparteien aufgeführt und auch sonst nirgends genau definiert.

In Art. 10 heißt es dann: „Die Urschrift dieses Vertrages, dessen deutscher, englischer, französischer und russischer Wortlaut gleichermaßen verbindlich ist, wird bei der Regierung der Bundesrepublik Deutschland hinterlegt, die den Regierungen der anderen vertragschließenden Seiten beglaubigte Ausfertigungen übermittelt." Demnach ist das „vereinte Deutschland" also offensichtlich etwas anderes als die „Bundesrepublik Deutschland", und somit ist dieser Vertrag nach Art. 9 noch gar nicht in Kraft getreten, da nur die Bundesrepublik Deutschland ihn ratifiziert hat, und nicht das „vereinte Deutschland".

Juristisch gesehen sind die Zwei-plus-Vier-Verträge kein Friedensvertrag, obwohl das immer wieder so dargestellt wird. Das zeigt schon der merkwürdige Name „Vertrag über die abschließende Regelung in Bezug auf Deutschland." Ein Friedensvertrag kann nur zwischen den kriegsführenden Parteien geschlossen werden. Das war auf deutscher Seite aber das Deutsche Reich.

Ein Friedensvertrag würde völkerrechtlich klare Verhältnisse schaffen und völkerrechtlich verbindliche Antworten auf die Fragen geben, ob das Deutsche Reich weiter bestehen soll und – falls nicht – wer sein Rechtsnachfolger sein soll. Er würde den Kriegs- und Besatzungszustand wirksam und endgültig beenden. Er müsste dann auch klären, was es mit dem Besatzungs-Verwaltungskonstrukt BRD auf sich hat und was daraus werden soll. Gleichzeitig müsste er klären, was mit dem gesamten Gebiet des Deutschen Reiches in den Grenzen vom 31.12.1937 geschehen soll, auch den Gebieten, die heute unter polnischer oder russischer Verwaltung stehen.

Und genau hier scheint einer der Gründe zu liegen, warum es einen solchen Friedensvertrag noch nicht gibt, obwohl mit Italien, Finnland, Ungarn, Rumänien und Bulgarien bereits 1947 Friedensverträge und mit Österreich 1955 ein Staatsvertrag geschlossen worden ist. Wie man einem Protokoll des dritten Treffens der Außenminister der Zwei-plus-Vier unter zeitweiliger Beteiligung Polens in Paris am 17.7.1990 [53] entnehmen kann, sprach der polnische Außenminister dort die Frage der Garantie der polnischen Westgrenze an. Nach Art. 7 des Deutschlandvertrags von 1955 [34] wird die endgültige Festlegung der Grenzen Deutschlands nämlich bis zu einer friedensvertraglichen Regelung aufgeschoben. Daraufhin wurde ihm vom Bundes-Außenminister Genscher versichert und zu Protokoll gegeben, dass diese Umstände nicht eintreten werden, d.h. dass ein Friedensvertrag oder eine friedensvertragliche Regelung nicht beabsichtigt sind.

Zusammenfassend kann festgestellt werden, dass in Deutschland eine völkerrechtlich und politisch unklare Situation herrscht. Das Deutsche Reich in den Grenzen von 1937 besteht fort, ist aber handlungsunfähig, was auch vom sogenannten Bundesverfassungsgericht in seiner Rechtsprechung so bestätigt wird (BVerfGE 36,1 III.1). Daneben gibt es die BRD als von den westlichen Siegermächten etabliertes Besatzungs-Verwaltungskonstrukt, das noch immer durch Sonderregelungen der alliierten Siegermächte keine Souveränität besitzt und über dessen Grundprinzipien die Bevölkerung Deutschlands noch nie demokratisch befragt worden ist.

Bei den Regierenden besteht offenbar kein Interesse, diesen Zustand durch einen Friedensvertrag zu klären. Wahrscheinlich wird angestrebt, den gegenwärtigen Zustand so lange aufrecht zu erhalten, bis er als Gewohnheitsrecht festgeschrieben ist. Dadurch sollen dann womöglich auch bestehende Geheimverträge „geheilt" werden, auf die man sich ja sonst nach Artikel 102 der Charta der Vereinten Nationen nicht berufen kann. In diesem Zusammenhang kann man sich auch fragen, warum bis heute die Feindstaatenklausel noch in der Charta der Vereinten Nationen zu finden ist (Artikel 53, 107), nach der Zwangsmaßnahmen gegen einen Staat, der während des Zweiten Weltkriegs Feind eines Unterzeichners der Charta war, ohne Ermächtigung des Sicherheitsrats ergriffen werden dürfen.

Ob Absicht oder Nachlässigkeit – es wäre an der Zeit und im Interesse aller Deutschen, für eine nachhaltige und fundierte Klärung dieser Situation zu sorgen.

Gemeindewechsel

Im §92(2) StGB sind die Verfassungsgrundsätze der BRD aufgeführt. Aus dem 1. Verfassungsgrundsatz ergibt sich, dass der Gemeinderat/Stadtrat und der Bürgermeister die Volksvertretung sind, da sie „in allgemeiner, unmittelbarer, freier, gleicher und geheimer Wahl" gewählt werden. Ausnahmen sind die Stadtstaaten und gewissen Teile Schleswig-Holsteins, wo die Bürgermeister nicht direkt gewählt werden. In den meisten Bundesländern (außer Baden-Württemberg und Schleswig-Holstein) werden auch die Landräte direkt gewählt, so dass auch sie Volksvertreter sind. **i** *S. 181*

Die Bundes- und Landtagsabgeordneten sind daher keine Volksvertreter, da sie nicht auf unmittelbare Art gewählt werden. Ebenso wenig ist die Bundes- oder die jeweilige Landesregierung eine Volksvertretung, da sie nicht direkt gewählt werden.

Nach dem 4. Verfassungsgrundsatz ist die Regierung aber der Volksvertretung gegenüber verantwortlich, und sie kann und darf abgelöst werden.

Somit hat jede Stadt und jede Gemeinde das Recht, sich von der Bundes- und Landesregierung zu lösen, und dann entweder vollständig autonom zu sein oder sich einer anderen deutschen Regierung anzuschließen.

Dies geht auch aus Art. 28 (2) des Grundgesetzes hervor:

Den Gemeinden muss das Recht gewährleistet sein, alle Angelegenheiten der örtlichen Gemeinschaft im Rahmen der Gesetze in eigener Verantwortung zu regeln.

Jedes Land der BRD hat eine Gemeindeordnung als gesetzliche Grundlage für die Gemeinden. In allen diesen Gemeindeordnungen steht gleich zu Beginn in §1 in verschiedenen Formulierungen und Ausführungen sinngemäß, dass die Gemeinden die Grundlage des demokratischen Staates bilden, dass sie in freier Selbstverwaltung das Wohl ihrer Bürger fördern und dass sie das Recht haben, die örtlichen Angelegenheiten im Rahmen der Gesetze zu verwalten. Diese letzte Aussage ist Ausdruck des universell gültigen Subsidiaritätsprinzips.

Die zweite Aussage zeigt, dass es per Gesetz um die Förderung des Wohls der Bürger geht. Wenn ein deutscher Bürger also sein Wohl nicht gefördert sieht, dann kann er es bei seinen Volksvertretern im Gemeinde- oder Stadtrat einfordern, denn dann verletzt seine Gemein- **i** *S. 177* de ihre gesetzliche Pflicht. Wenn die Volksvertretung diese Vorwürfe mit Hinweisen auf Zwänge und Pflichten durch Landes- und Bundesregierung abweist, dann verstößt sie gegen den 4. Verfassungsgrundsatz nach §92(2) StGB. Denn nicht die Volksvertretung ist verantwortlich gegenüber der Regierung, sondern die Regierung ist verantwortlich gegenüber der Volksvertretung. Und wenn die Regierung nicht gemäß dieser Verantwortlichkeit handelt, kann sie nach demselben Verfassungsgrundsatz abgelöst werden.

Wenn die Volksvertretung (Gemeinderat, Bürgermeister) dies nicht erkennen und ändern kann (oder will), dann hat das Volk das Recht, eine andere Volksvertretung zu wählen oder direkt die Staatsgewalt durch Abstimmungen auszuüben (1. Verfassungsgrundsatz). Dies geschieht durch Bürgerentscheide, wie sie in allen Bundesländern möglich sind. Auch einen Bürgerentscheid können die Bürger direkt erwirken, falls der Gemeinde- oder Stadtrat nicht kooperieren möchte. Dazu muss nur eine ausreichende Zahl von Unterschriften für die Durchführung eines Bürgerentscheids vorgelegt werden.

Nähere Einzelheiten sind jeweils in den Gemeindeordnungen der verschiedenen Länder geregelt.

Weitere Informationen und Hintergründe finden Sie im Internet unter

http://koenigreichdeutschland.org/de/gemeindewechsel.html

Öffentliche Schulden

Am 31.12.2014 betrugen die Schulden der Gemeinden/Gemeindeverbände der BRD insgesamt ca. 140 Mrd. Euro [54].

Gleichzeitig betrug das private Geldvermögen (Bargeld und Geldanlagen) der deutschen Haushalte ca. 2000 Mrd. Euro [55].

Im Schnitt würden also nur 7% des privaten Geldvermögens ausreichen, um die Schulden aller Gemeinden zu tilgen.

Wenn somit nach einem Gemeindewechsel jeder Bürger der Gemeinde im Durchschnitt nur 7% seines Geldvermögens bei der Königlichen Reichsbank in Neue Deutsche Mark umtauscht, so hat die Reichsbank genügend Euros, um die Schulden der Gemeinde zu tilgen.

Dabei erleidet aber keiner der Bürger einen Verlust an Kaufkraft, da er für die abgegebenen Euros Neue Deutsche Mark mit demselben Gegenwert erhält.

Glossar

BIZ:	Abk. für „Bank für Internationalen Zahlungsausgleich"
BRD:	Abk. für „Bundesrepublik Deutschland"
DDR:	Abk. für „Deutsche Demokratische Republik"
Dun & Bradstreet:	Dun & Bradstreet ist einer der größten Dienstleister für Wirtschaftsinformationen weltweit. Die Firma führt die weltgrößte Wirtschaftsdatenbank, auf die unter www.upik.de zugegriffen werden kann.
Einlagensicherungsfonds:	Sicherungssystem der Banken zum Schutz der Kundengelder im Fall einer Insolvenz. Das Statut des Einlagensicherungsfonds findet man im Internet unter https://bankenverband.de/publikationen/broschueren/statut-des-einlagensicherungsfonds/ (zuletzt zugegriffen am 27.10.2020) Besonders zu beachten ist hierbei §6 Abs. 19: *Ein Rechtsanspruch auf ein Eingreifen oder auf Leistungen des Einlagensicherungsfonds besteht nicht.*
EZB:	Abk. für „Europäische Zentralbank"
FED:	Abk. für „Federal Reserve Bank"
Homöopathie:	Alternativmedizinische Behandlungsmethode, die auf den deutschen Arzt Samuel Hahnemann zurückgeht. Sie beruht auf dem Ähnlichkeitsprinzip bei der Auswahl von Arzneimitteln („Ähnliches soll durch Ähnliches geheilt werden") und dem Prinzip der Potenzierung, durch das die Arzneimittel nicht aufgrund ihrer Inhaltsstoffe, sondern aufgrund ihres Informationsgehalts wirken.
IPCC:	Intergovernmental Panel on Climate Change (dt: Zwischenstaatlicher Ausschuss über Klimaveränderung, oft als Weltklimarat bezeichnet)

Placebo:	Scheinarzneimittel, welches keinen Arzneistoff enthält und somit auch keine durch einen solchen Stoff verursachte pharmakologische Wirkung haben kann. (Quelle: Wikipedia, zuletzt zugegriffen am 5.9.2015)
Ritalin:	Droge, die seit einigen Jahren bei ADHS (Aufmerksamkeitsdefizit-/Hyperaktivitätsstörung) angewandt wird. Ritalin wirkt im Prinzip wie Kokain in geringerer Dosis: Es senkt den Dopaminspiegel in den Nervenzellen und dämpft so die Nervenimpulse. Auf diese Weise wird die Fokussierung gefördert, also quasi die multidimensionale Funktionsweise des Gehirns auf eine Dimension reduziert. Anders formuliert: Aus einem Mensch wird ein Roboter.
Schetinin-Schule:	Eine im Jahr 1994 in Russland gegründete Experimentalschule, die auf einem von Prof. Michail Schetinin entwickelten neuartigen pädagogischen Prinzip beruht. Die Kinder organisieren fast alle Bereiche ihres Schullebens selbst und erreichen so ohne äußeren Druck in kurzer Zeit einen hohen universellen Stand.
Sezession:	Wenn ein Teil eines bestehenden Staates sich von diesem Staat löst, um einen eigenen souveränen Staat zu bilden oder sich einem anderen Staat anzuschließen, so spricht man von Sezession. In einem Gutachten des Internationalen Gerichtshofs vom 22.7.2010 [31] wird unter IV.A. festgestellt, dass „das allgemeine Völkerrecht kein gültiges Verbot von Unabhängigkeitserklärungen enthält."
WHO:	Abk. für „World Health Organization" (dt.: Weltgesundheitsorganisation)

Quellen

[1]   Königreich Deutschland (2014). *Verfassung*. Akasha Verlag. Lizenz-ausgabe Julia White Publishing.

[2]   Bürgin, L. (2010). *Der Urzeit-Code*. München: Herbig

[3]   Paul, R. (16.9.2009). *End the FED*. Grand Central Publishing Deutsche Ausgabe: *Befreit die Welt von der US-Notenbank! Warum die Federal Reserve abgeschafft werden muss.* Rottenburg: Kopp Verlag

[4]   Gillens, M. & Page, B. I. (18.9.2014). *Testing Theories of American Politics: Elites, Interest Groups, and Average Citizens.* Perspectives on Politics Volume 12 / Issue 03 / September 2014, pp. 564-581. Zuletzt zugegriffen am 27.10.2020 unter http://dx.doi.org/10.1017/S1537592714001595

[5]   Marx, K. (1843). *Zur Kritik der Hegelschen Rechtsphilosophie.* S. 391

[6]   *Charta der Erneuerten Vereinten Nationen.* Zuletzt zugegriffen am 27.10.2020 unter www.united-nations.org

[7]   Hirte, M. (2012). *Impfen Pro & Contra*. München: Knaur

[8]   Humphries, S. & Bystrianyk, R. (2015). *Die Impf-Illusion*. Rottenburg: Kopp Verlag

[9]   Velikovsky, I. (1950). *Worlds in Collision*. Garden City, New York, USA: Doubleday & Company
      Deutsche Ausgabe: *Welten im Zusammenstoss*. Wöllsdorf: Julia White Publishing

[10] Velikovsky, I. (1955). *Earth in Upheaval*. Garden City, New York, USA: Doubleday & Company
      Deutsche Ausgabe: *Erde im Aufruhr*. Wöllsdorf: Julia White Publishing

[11] Velikovsky, I. (1982). *Mankind in Amnesia*. Garden City, New York, USA: Doubleday & Company
      Deutsche Ausgabe: *Menschheit im Gedächtnisschwund*. Wöllsdorf: Julia White Publishing

[12] Nahle, N. S. (5.7.2011). *Repeatability of Professor Robert W. Wood's 1909 experiment on the Theory of the Greenhouse.* Biology Cabinet Online-Academic Resources and Principia Scientific International. Monterrey, N. L.
      Zuletzt zugegriffen am 27.10.2020 unter http://www.biocab.org/Experiment_on_Greenhouses__Effect.pdf

[13] Ermecke, K. (Dez. 2009). *Rettung vor den Klimarettern – Gibt es die Gefahr für das Weltklima?* Zuletzt zugegriffen am 27.10.2020 unter http://www.ke-research.de/downloads/Klimaretter.pdf

[14] Gerlich, G. (28.11.2007). *Der Betrug mit dem Globalklima. Widerlegung der atmosphärischen Kohlendioxid-Treibhauseffekte der Erde.* Zuletzt zugegriffen am 27.10.2020 unter https://eppinger. files.wordpress.com/2009/12/der-betrug-mit-dem-globalklima.pdf

[15] Sammlung der Climategate I und II eMails mit Suchfunktion. Zuletzt zugegriffen am 5.9.2015 unter http://www.ecowho.com/ foia.php (am 27.10.2020 leider nicht mehr zu finden)

[16] Auflistung der eMails von [15] in einer Excel-Tabelle. Zuletzt zugegriffen am 27.10.2020 unter https://noconsensus.files.wordpress. com/2011/11/odered-emails.xls

[17] D'Aleo, J. & Watts, A. (27.8.2010). *Surface temperature records: Policy-driven deception?* Science & Public Policy Institute. Zuletzt zugegriffen am 27.10.2020 unter http://scienceandpublicpolicy. org/images/stories/papers/originals/surface_temp.pdf

[18] Statistisches Bundesamt. (2014). *Finanzen und Steuern, Vierteljährliche Kassenergebnisse des öffentlichen Gesamthaushalts. 1. - 4. Vierteljahr 2013* (Fachserie 14, Reihe 2). Zuletzt zugegriffen am 27.10.2020 unter https://www. statistischebibliothek.de/mir/servlets/MCRFileNodeServlet/ DEHeft_derivate_00012994/2140200133244.pdf

[19] Statistisches Bundesamt. *Öffentliche Finanzen und Steuern.* Zuletzt zugegriffen am 27.10.2020 unter https://www.destatis.de/ DE/Themen/Staat/Steuern/Steuereinnahmen/Tabellen/lrfin02. html unter „Werte".

[20] Deutsche Bundesbank. (September 2014). *Die Ertragslage der deutschen Kreditinstitute.* Zuletzt zugegriffen am 27.10.2020 unter https://www.bundesbank.de/resource/blob/615442/5fbe 9c9d0930579c98543a4330ecb6b8/mL/2014-09-ertragslage- kreditinstitute-data.pdf

[21] Deutsche Bundesbank. (Mai 2015). *Hochgerechnete Angaben aus Jahresabschlüssen deutscher Unternehmen von 1997 bis 2013* (Statistische Sonderveröffentlichung 5). Zuletzt zugegriffen am 27.10.2020 unter https://www.bundesbank.de/resource/ blob/696124/eecdb771fd36295da159412fa5f9722b/mL/ statso5-1997-2013-data.pdf

[22] Bundesrechnungshof. (28.6.2010). *Bericht nach § 99 BHO über den ermäßigten Umsatzsteuersatz. Vorschlä-*

ge für eine künftige Ausgestaltung der Steuerermäßigung. Zuletzt zugegriffen am 27.10.2020 unter https://www.bundesrechnungshof.de/de/veroeffentlichungen/produkte/sonderberichte/langfassungen/2010-sonderbericht-ermaessigter-umsatzsteuersatz-vorschlaege-fuer-eine-kuenftige-ausgestaltung-der-steuerermaessigung

[23] Statistisches Bundesamt. (2012). *Finanzen und Steuern, Rechnungsergebnisse des öffentlichen Gesamthaushalts 2010* (Fachserie 14, Reihe 3.1). Zuletzt zugegriffen am 27.10.2020 unter https://www.statistischebibliothek.de/mir/servlets/MCRFileNodeServlet/DEHeft_derivate_00009053/2140310107004.pdf

[24] Statistisches Bundesamt. (2014). *Finanzen und Steuern, Lohn- und Einkommensteuer 2010* (Fachserie 14, Reihe 7.1). Zuletzt zugegriffen am 27.10.2020 unter https://www.statistischebibliothek.de/mir/servlets/MCRFileNodeServlet/DEHeft_derivate_00025048/2140710109004_Korr11082016.pdf

[25] Techniker Krankenkasse. (Januar 2013). *Beiträge ab 1. Januar 2013.* Zuletzt zugegriffen am 27.10.2020 unter https://www.tk.de/resource/blob/2034042/bda6d1a584110e4922fe21320e398c74/beitragstabelle-2013-data.pdf

[26] Senf, B. (April 2011). *Und es gibt Sie doch! Die Geldschöpfung der Banken aus dem Nichts.* Zuletzt zugegriffen am 27.10.2020 unter http://www.berndsenf.de/pdf/Und sie gibt es doch Die Geldschoepfung der Banken aus dem Nichts.pdf

[27] Griffin, G. E. (4. 8. 2006). *Die Kreatur von Jekyll Island.* Rottenburg: Kopp Verlag.

[28] Jellinek, G. (1900). *Allgemeine Staatslehre.* Berlin: Haering

[29] *Montevideo Convention on the Rights and Duties of States.* (26.12.1933). Zuletzt zugegriffen am 27.10.2020 unter https://www.jus.uio.no/english/services/library/treaties/01/1-02/rights-duties-states.xml

[30] Pellet, A. (1992). *The Opinions of the Badinter Arbitration Committee. A Second Breath for the Self-Determination of Peoples.* Eur J Int Law (1992) 3 (1): 178-185.
Zuletzt zugegriffen am 27.10.2020 unter http://ejil.oxfordjournals.org/content/3/1/178.full.pdf+html?sid=6c56ca2e-920d-41ed-b23c-57c4162ee897

[31] International Court of Justice (22. 7. 2010). *Accordance with international law of the unilateral declaration of independence in respect of Kosovo.* Summary 2010/2.

Zuletzt zugegriffen am 28.10.2020 unter https://www.icj-cij.org/public/files/case-related/141/16010.pdf

[32] Nörr, K. W. & Oppermann, T. (Hrsg.). (1997). *Subsidiarität: Idee und Wirklichkeit*. Tübingen: Mohr.

[33] Foschepoth, J. (2014). *Überwachtes Deutschland*. Göttingen: Vandenhoeck & Ruprecht.

[34] *Vertrag über die Beziehungen zwischen der Bundesrepublik Deutschland und den Drei Mächten* („Deutschlandvertrag" genannt). (26.5.1952). Zuletzt zugegriffen am 28.10.2020 unter https://www.1000dokumente.de/index.html?c=dokument_de&dokument=0018_par&object=facsimile&pimage=2&v=100&nav=&l=de

[35] *Vertrag über die abschließende Regelung in bezug auf Deutschland* („Zwei-plus-Vier-Vertrag" genannt). (12.9.1990). Zuletzt zugegriffen am 28.10.2020 unter https://www.bgbl.de/xaver/bgbl/start.xav?startbk=Bundesanzeiger_BGBl&bk=Bundesanzeiger_BGBl&start=//*%5B@attr_id=%27bgbl290s1317.pdf%27%5D#__bgbl__%2F%2F*%5B%40attr_id%3D%27bgbl290s1317.pdf%27%5D__1603903969338

[36] Übereinkommen zur Regelung bestimmter Fragen in Bezug auf Berlin („Berlin-Übereinkommen" genannt). (25.9.1990). Zuletzt zugegriffen am 28.10.2020 unter https://www.bgbl.de/xaver/bgbl/start.xav?start=%2F%2F*%5B%40attr_id%3D%27bgbl290s1273.pdf%27%5D#__bgbl__%2F%2F*%5B%40attr_id%3D%27bgbl290s1273.pdf%27%5D__1603904066653

[37] Auswärtiges Amt. *Endgültiges Erlöschen der alliierten Vorbehaltsrechte*. (31.5.1968) Seite 1. Digitale Volltext-Ausgabe bei Wikisource. Zuletzt zugegriffen am 28.10.2020 unter https://de.wikisource.org/wiki/Endg%C3%BCltiges_Erl%C3%B6schen_der_alliierten_Vorbehaltsrechte

[38] *Bekanntmachung des Schreibens der Drei Mächte vom 8. Juni 1990 zur Aufhebung ihrer Vorbehalte insbesondere in dem Genehmigungsschreiben zum Grundgesetz vom 12. Mai 1949 in bezug auf die Direktwahl der Berliner Vertreter zum Bundestag und ihr volles Stimmrecht im Bundestag und im Bundesrat*. (12.6.1990). Zuletzt zugegriffen am 28.10.2020 unter http://www.gesetze-im-internet.de/avorbaschrbek/AVorbASchrBek.pdf

[39] *Vertrag über die Rechte und Pflichten ausländischer Streitkräfte und ihrer Mitglieder in der Bundesrepublik Deutsch-*

land. (26.5.1952). Zusammenstellung des Deutschlandvertrages und seiner Zusatzverträge — Bundesgesetzbl. 1954 II S.57ff. — mit den fünf Änderungslisten des Pariser Protokolls. Zuletzt zugegriffen am 28.10.2020 unter https://www.bundestag. de/blob/194030/028f8b69d335f194759acc8467bdd099/ deutschlanvertragzusammenstellung-data.pdf

[40] *Zusatzabkommen zu dem Abkommen zwischen den Parteien des Nordatlantikvertrages über die Rechtsstellung ihrer Truppen hinsichtlich der in der Bundesrepublik Deutschland stationierten ausländischen Truppen.* (3.8.1959). Zuletzt zugegriffen am 28.10.2020 unter https://www.bgbl.de/xaver/bgbl/start. xav?startbk=Bundesanzeiger_BGBl&jumpTo=bgbl261s1183. pdf#__bgbl__%2F%2F*%5B%40attr_id%3D%27bgbl261s1183. pdf%27%5D__1603905882364 (S. 1218)

[41] *Vereinbarung vom 27./28.9.1990 zum Deutschlandvertrag und zum Überleitungsvertrag.* BGBl. II S. 1386. Zuletzt zugegriffen am 28.10.2020 unter http://www.ialana.de/files/pdf/ arbeitsfelder/aktuell%20in%20der%20diskussion/nsa-affaere/ Zusatzvereinbarungen_zum_Deutschlandvertrag.pdf

[42] *Vereinbarung vom 25.9.1990 zum Aufenthaltsvertrag.* BGBl. II S.1390. Zuletzt zugegriffen am 28.10.2020 unter http://www.ialana. de/files/pdf/arbeitsfelder/aktuell%20in%20der%20diskussion/ nsa-affaere/Zusatzvereinbarungen_zum_Deutschlandvertrag.pdf (S. 231)

[43] *Vereinbarung vom 16.11.1990 zum Aufenthaltsvertrag.* BGBl. II S. 1696. Zuletzt zugegriffen am 28.10.2020 unter http://www.ialana. de/files/pdf/arbeitsfelder/aktuell%20in%20der%20diskussion/ nsa-affaere/Zusatzvereinbarungen_zum_Deutschlandvertrag.pdf (S. 235)

[44] *Notenwechsel vom 25.9.1990 zum NATO-Truppenstatut und zum Truppenverbleib in Berlin.* BGBl. II S. 1251. Zuletzt zugegriffen am 28.10.2020 unter http://www.ialana.de/files/pdf/ arbeitsfelder/aktuell%20in%20der%20diskussion/nsa-affaere/ Zusatzvereinbarungen_zum_Deutschlandvertrag.pdf (S. 237)

[45] *Denkschrift zum Notenwechsel vom 25.9.1990.* BR-Drucks. 357/90 S. 13ff. Zuletzt zugegriffen am 28.10.2020 unter http://www.ialana.de/files/pdf/arbeitsfelder/aktuell%20in%20 der%20diskussion/nsa-affaere/Zusatzvereinbarungen_zum_ Deutschlandvertrag.pdf (S. 245)

[46] *Vertrag zur Regelung aus Krieg und Besatzung entstandener Fra-*

gen („Überleitungsvertrag" genannt). (26.5.1952). Zuletzt zugegriffen am 28.10.2020 unter https://www.bundestag.de/blob/19403 0/028f8b69d335f194759acc8467bdd099/deutschlanvertragzusa mmenstellung-data.pdf

[47] Bahr, E. (8.9.2009). *Drei Briefe und ein Staatsgeheimnis.* Die Zeit N° 21/2009. Zuletzt zugegriffen am 28.10.2020 unter https:// www.zeit.de/2009/21/D-Souveraenitaet

[48] documentArchiv.de (Hrsg.). *Erklärung in Anbetracht der Niederlage Deutschlands und der Übernahme der obersten Regierungsgewalt hinsichtlich Deutschlands durch die Regierungen des Vereinigten Königreichs, der Vereinigten Staaten von Amerika und der Union der Sozialistischen Sowjet-Republiken und durch die Provisorische Regierung der Französischen Republik.* (5.6.1945). Zuletzt zugegriffen am 28.10.2020 unter http://www.documentarchiv. de/in/1945/niederlage-deutschlands_erkl.html

[49] *Abkommen betreffend die Gesetze und Gebräuche des Landkriegs* („Haager Landkriegsordnung" genannt). (18.10.1907). Zuletzt zugegriffen am 28.10.2020 unter https://www.1000dokumente. de/index.html/index.html?c=dokument_de&dokument=0201_ haa&object=translation&st=&l=de

[50] *Dokumente zur künftigen politischen Entwicklung Deutschlands* („Frankfurter Dokumente" genannt). (1.7.1948). Zuletzt zugegriffen am 28.10.2020 unter https://www.1000dokumente.de/index. html?c=dokument_de&dokument=0012_fra&object=facsimile&pi mage=1&v=100&nav=&l=de

[51] Krämer, J. D. *Gesamtstaatliche Aspekte der Rittersturzkonferenz 1948.* Deutscher Bundestag Wissenschaftliche Dienste WD 1 - 3010 - 038/08. Zuletzt zugegriffen am 28.10.2020 unter http://webarchiv.bundestag.de/cgi/show.php?fileToLoad= 4082&id=1081

[52] *Vertrag zwischen der Bundesrepublik Deutschland und der Deutschen Demokratischen Republik über die Herstellung der Einheit Deutschlands* („Einigungsvertrag" genannt). (31.8.1990). BGBl. 1990 II S. 889. Zuletzt zugegriffen am 28.10.2020 unter http:// www.gesetze-im-internet.de/einigvtr/EinigVtr.pdf

[53] Küsters, H. J. & Hofmann, D. (1998). *Dokumente zur Deutschlandpolitik. Deutsche Einheit: Sonderedition aus den Akten des Bundeskanzleramtes 1989/90.* B 136-ANH./8 Nr. 354 B Anlage 2: Protokoll des französischen Vorsitzenden. München: Oldenbourg

[54] Statistisches Bundesamt. *Finanzen und Steuern. Schulden des Öffentlichen Gesamthaushalts 2014* (Fachserie 14 Reihe 5). Zuletzt zugegriffen am 9.11.2020 unter https://www. statistischebibliothek.de/mir/servlets/MCRFileNodeServlet/ DEHeft_derivate_00023451/2140500147004_rev01082016. pdf

[55] Deutsche Bundesbank. *Financial assets and liabilities (non-consolidatet).* Zuletzt zugegriffen am 9.11.2020 unter https://www. bundesbank.de/resource/blob/670712/70c49d6c1d18d9812 ebf93023a824230/mL/2015-07-20-table-financial-assets-and-liabilities-non-consolidated-download.pdf

[56] Crépeaux, G. et al. *The role of aluminum adjuvants in vaccines raises issues that deserve independent, rigorous and honest science.* Journal of Trace Elements in Medicine and Biology, Vol. 62, Dec. 2020, 126632. Zuletzt zugegriffen am 26.10.2020 unter https:// doi.org/10.1016/j.jtemb.2020.126632

[57] Guyer, B. et al. *Annual Summary of Vital Statistics: Trends in the Health of Americans During the 20th Century.* Pediatrics December 2000, 106 (6) 1307-1317. Zuletzt zugegriffen am 26.10.2020 unter https://doi.org/10.1542/peds.106.6.1307

Der Autor

Nach seinem Studium der Mathematik, Physik und anderer Naturwissenschaften in Deutschland und den USA promovierte Dr. Thomas
Hoffmann in angewandter Mathematik und beschäftigt sich seither in-
tensiv mit konkreten Anwendungen der Naturgesetze auf das menschliche Leben.

In Bezug auf den sich aktuell vollziehenden Werte- und Systemwandel
liegt sein Hauptaugenmerk auf Fragestellungen aus Gesellschaftspolitik,
Recht, Kinder- und Erwachsenenbildung.

Verfassung des Königreichs Deutschland

   Die Verfassung des Staates „Königreich Deutschland", der am 16.9.2012 in Wittenberg gegründet wurde, ist die Grundlage einer neuen Zukunft für alle Menschen. Sie zeigt auf, wie ein Staat, als Willenswerkzeug der Menschen, lediglich die Rahmenbedingungen für Glück, Wohlstand, Sinnhaftigkeit und Freiheit zu setzen hat.
   Die Verfassung des Königreichs Deutschland garantiert all diese Werte. Sie ist die in rechtliche Form gegossene Schöpfungsordnung.

Version vom 10.11.2020
150 S., gebunden

in Lizenz des Akasha-Verlags:
ISBN 978-3934402-57-7

Endzeit

Geburtswehen eines neuen Zeitalters

Peter I.

Roman
Gebunden, 536 Seiten
Julia White Publishing

ISBN 978-3934402-43-0

Eingekleidet in eine zum Thema passende Rahmenhandlung vermittelt dieser Roman tiefe und neue Einsichten in den Aufbau und die Funktion unserer Welt – physisch und metaphysisch. Er erläutert die universellen Schöpfungsgesetze und ihre konkrete Bedeutung in den Naturwissenschaften und auch für die Entwicklung jedes einzelnen Menschen. Damit gibt er Orientierung über den Sinn des Lebens und auch darüber, was nach dem physischen Ableben geschieht.

Gleichzeitig erläutert das Buch auf gut nachvollziehbare Weise die Hintergründe des Weltgeschehens, die zu der heutigen globalen Situation geführt haben, geht auf verschiedene sogenannte Verschwörungstheorien ein und ordnet all das in einen größeren umfassenden Kontext ein, der weit über das Politische hinausgeht und insbesondere auch die spirituelle Dimension und die Aussagen der Religionen mit einbezieht.

Damit ergibt sich am Ende ein konkreter Ausblick auf die möglichen weiteren Entwicklungen und das klare Verständnis der Rolle jedes einzelnen und seiner Möglichkeiten.

Steuerrecht ungültig?

Erweiterte Neu-Ausgabe

Matthias Alexander Pauqué
Dr. Thomas Hoffmann

Sachbuch
Brosch., 338 Seiten
Julia White Publishing

ISBN 978-3934402-79-9

Wenn Sie Steuern bezahlen, ist dieses Buch eine Fundgrube für Sie!

Gründlich recherchiert wird aufgezeigt, auf welchen Grundlagen unser Steuersystem wirklich beruht und wo es den Weg des Rechts verlassen hat. Es wird klar, dass der heutigen Steuergesetzgebung fundamentale rechtliche Grundlagen fehlen, die zu ihrer Ungültigkeit führen müssen, wenn man sich an rechtsstaatliche Prinzipien hält.

Sie werden sich nach der Lektüre dieses Buch fragen, ob es überhaupt noch mit dem Gewissen vereinbar ist, Steuern zu zahlen, bzw. ob das Steuersystem nicht ein geeigneter Ansatzpunkt wäre, um der politischen Kaste wirksamen Widerstand zu leisten, die sich ja bereits fast vollständig vom Willen des Volkes abgewendet hat.

So dient dieses Buch nicht nur Ihrer Information und Aufklärung. Es liefert auch konkrete Anhaltspunkte und Möglichkeiten des Handelns.

Immanuel Velikovsky – Das Gesamtwerk

Immanuel Velikovsky war einer der größten und gleichzeitig umstrittensten Wissenschaftler der Neuzeit. Nach langjähriger akribischer Forschungsarbeit veröffentlichte er im Jahre 1950 seinen Klassiker *Welten im Zusammenstoß*, ein Buch, das bis heute ohne jegliche Veränderung oder Hinzufügung nichts an Aktualität und Bedeutung verloren hat. In ihm stellte er seine aus Überlieferungen einer Vielzahl von Völkern und Kulturen gewonnene Rekonstruktion der Erd- und Menschheitsgeschichte vor und begründete damit den Neo-Katastrophismus.

Als Ergänzung erschien wenige Jahre später *Erde im Aufruhr* und dann die Buchreihe *Zeitalter im Chaos*, in der Velikovsky zeigt, dass die Geschichte des Altertums in ihrer heute gelehrte Form eklatante Widersprüche aufweist. Er rollt die Geschichte Ägyptens vom Ende des Mittleren Reiches bis zu Alexander dem Großen neu auf und reorganisiert dadurch die gesamte Geschichtsschreibung des Altertums.

In weiteren sehr wichtigen Bänden behandelt er die bis heute verkannten massenpsychologischen Folgen der Katastrophen (*Menschheit im Gedächtnisschwund*) und schildert unverblümt die skandalösen Diskreditierungs- und Unterdrückungskampagnen von Seiten des wissenschaftlichen Establishments, die wichtige Denk- und Diskussionsanstöße über unser Verständnis von Wissenschaft bieten (*Sterngucker und Totengräber*).